협업　소통　신뢰
배려
변화적극성　실행력　칭찬
공감　동기부여　웃음
창의성
성과지향　권한위임

13가지 요소 진단과 활동놀이로
최강의 팀을 만든다

팀워크 툴박스

팀워크를 향상하는 13가지 요소와
불협화음을 없애는 활동놀이

김준성·이지영·전대용

밥북
B·ᄋᄇ·K

내가 '팀(team)'이라는 단어를 좋아하기 시작한 것은 아주 어릴 적부터였던 것 같다. 그 기억은 초등학교 시절 운동회까지 거슬러 올라간다. 두 손에 응원 깃발을 꼭 쥐고 목이 쉬도록 우리 팀을 응원했던 나였기 때문이다. 우리 팀이 이기기라도 하면 세상을 다 얻은 기분이었다. 테니스 동아리 활동을 할 때도 팀(team)이 주는 소속감과 에너지는 얼마나 나를 행복하게 만들었던지….

그러나 사회생활을 시작하면서 팀(team)이라는 말은 어느새 낯설게 느껴지는, 본의 아니게 멀리하고 싶은 말이 되어 버렸다. 신입 사원이었던 내게 팀(team)은 뜨거운 첫 느낌으로 다가와서 싸구려 커피의 쓴맛으로 변해갔기 때문이다.

팀(team) 효과가 사라져버린 곳에서 잡초처럼 돋아나는 것들이 있다. '이기주의, 갈등, 불신, 변화'와 같은 것들이다. 이것들은 흡사 잘못 관리한 정원처럼 팀을 흉물스럽게 만들어버린다. 당연한 말이겠지만 우리는 잡초밭보다는 잘 가꿔진 정원에서 마음의 안식을 얻는다.

그래서 나와 동료들은 팀이라는 정원에 잡초를 걷어내는 농법(?)을 제안해보기로 했다. 우선, 우리는 다음 질문부터 스스로 던졌다.

'아름다운 정원과 같은 팀(team)이 되려면 어떤 거름이 필요할까?'

수많은 조사와 토론, 그리고 현장 경험을 떠올리면서 우리는 13가지 요소(창의성, 신뢰, 소통, 동기부여, 성과지향, 웃음, 공감, 협업, 변화 적극성, 칭찬, 권한위임, 실행력, 배려)를 팀을 가꿔줄 거름으로 결정 했다.

주위를 둘러보자. 나와 똑같은 외모와 성격을 가진 사람이 있는가? 조직도 마찬가지다. 내외부 경영 상태는 비슷하게 보일 수 있지만, 조 직 내 팀은 지구상 어떤 팀도 자기 팀과 같을 순 없다. 같은 목표를 지향할 수는 있지만 제각각 다른 사람(외모, 성격)들이 모였기 때문이다.

그래서 나와 동료들은 또다시 여러 날을 머리를 맞대고 고민에 들어갔다.

'팀에 필요한 13가지 요소! 그리고 천차만별 너무나 다양한 상황의 팀들. 13가지 요소들이 잘 스며들게 해야 한다! 쉽게 따라 할 수 있게 만들자!'

이런 과정을 통해 이 책은 빛을 보게 되었다. 책 구성은 독자들의 다양한 상황을 고려하여 다음과 같이 구성하였다.

첫째, '우리 팀 지금 이런 모습인가요?' 코너에서는 각 챕터 주제에 대해 현재 우리 팀 상황을 비춰볼 기회를 만들었다.

둘째, '팀에게 들려주는 한 문장' 코너에서는 각 챕터 주제와 관련된 명언들을 삽입해서 현업에서 팀원들과 공유해볼 수 있게 하였다.

셋째, '팀 실천 활동' 코너에서는 솔루션이 자연스럽게 스며들도록 팀원들과 간편하게 해볼 수 있는 실천 활동을 제시하였다. 이 활동들은 팀원들과 함께 현업에서 쉽게 따라 할 수 있는 아이스브레이킹 또는 스팟 게임 형태로 배치하였으며, 각 챕터 주제를 체득하도록 구성하였다. 특히, 현업의 다양한 상황을 고려하여 시나리오 극본 형태로 활동을 기술하여 초보자도 부담 없이 따라 읽으면서 진행할 수 있게 했다.

이 책에서 제시한 팀을 위한 13가지 거름 중에서 자기 팀에 필요한 것들을 적절하게 실천해본다면 '팀(team)'이라는 멋진 정원 속에서 힐링을 하고 있는 팀원들을 만날 수 있을 것이다.

마지막으로 바쁜 스케줄 속에서도 웃음으로 제이랩 가치를 지켜준 이지영 컨설턴트, 그리고 대학원 공부와 컨설팅 업무를 병행하면서 묵묵하게 책이 나오기까지 기둥 역할을 해준 전대용 컨설턴트, 그리고 책 원고에 광택을 내준 권예은 컨설턴트에게 다시 한 번 고마움을 전한다. 이들과 함께한 1년은 팀워크라는 환상적인 경험을 내게 선사했다.

2016년 10월

제이랩(JLAB) 김준성

CHAPTER 0. 머리말 / 5

CHAPTER 1.. 창의성이 필요한 팀 / 15

CHAPTER 2. 신뢰가 필요한 팀 / 29

CHAPTER 3. 소통이 필요한 팀 / 43

CHAPTER 4. 동기부여가 필요한 팀 / 57

CHAPTER 5. 성과지향이 필요한 팀 / 71

CHAPTER 6. 웃음이 필요한 팀 / 85

CHAPTER 7. 공감이 필요한 팀 / 99

CHAPTER 8. 협업이 필요한 팀 / 111

CHAPTER 9. 변화에 적극성이 필요한 팀 / 125

CHAPTER 10. 칭찬이 필요한 팀 / 139

CHAPTER 11. 권한위임이 필요한 팀 / 153

CHAPTER 12. 실행력이 필요한 팀 / 169

CHAPTER 13. 배려가 필요한 팀 / 183

CHAPTER 1

창의성이 필요한 팀

기발한 아이디어들이 끊임없이 넘쳐나는 팀은 얼마나 멋질까? 대부분 리더들은 이런 팀 모습을 기대한다. 그러나 리더가 알아야 할 것이 있다. 팀 창의성이란 바로 우수한 팀원 한 사람의 머리에서 나오는 게 아니라는 점이다. 창의적인 팀이 되기 위해서는 팀원 간의 상호 이해 정도, 팀원 각자의 업무숙련도, 서로 팀 목표를 최우선으로 생각하고 화합하려는 의지 등 여러 요소가 어우러져야 가능하다.

그렇다고 창의적인 팀으로의 변신이 몹시 어려운 일은 아니다. 길게 보자면 팀 문화를 변화시키는 과정이라 여기고, 팀 리더는 긴 호흡으로 팀의 변화를 위한 첫걸음을 내딛길 권한다. 창의적인 팀으로의 변화를 위해 우선, 우리 팀이 어떤 상황인가를 간단하게 점검하는 일부터 시작해보자.

■ 우리 팀 지금 이런 모습인가요?

- 다양한 생각이 나오지 않고, 고정관념에서 벗어나지 않으려 한다.
- 수많은 아이디어 중에 무엇이 가치 있는지 결정하지 못한다.
- 아이디어를 통해 풀어야 할 문제를 명확하게 인식하지 못한다.
- '아이디어를 도출하는 것은 일이니까 해야 한다'는 분위기가 가득하다.
- 아이디어가 초기 단계에서 제대로 진척되지 않는다.

위 모습들이 우리 팀에서 발견된다면 창의적인 팀으로의 변화가 필요하다. 우선, 팀 창의력을 높이기 위한 첫 스텝은 자연스럽게 아이디어가 팀원 간에 공유되는 경험을 해보는 것이다. 팀원 간 자연스럽게 서로 생각을 공유해 봄으로써 다양한 자극을 느껴볼 수 있고, 이 과정에서 팀의 창의력이 상승한다.

■ 창의성이 필요한 팀에게 들려주는 한 문장

새로운 아이디어는 연약해서 비웃음이나 하품을 받으면 쉽게 죽어버린다. 놀림을 받으면 칼에 찔린 것처럼 아프고, 찡그린 얼굴을 보면 너무 걱정이 돼서 죽어 버린다.

– 찰스 브라이어(미국 작가)

새로운 아이디어를 가진 사람은 그 아이디어가 성공하기 전까지는 괴짜이다.

– 마크 트웨인(미국 소설가)

누구나 적어도 1년에 한 번은 천재이다. 진정한 천재는 기발한 생각을 보다 자주 떠올릴 뿐이다.

– 게오르크 리히텐베르크(독일 물리학자)

창의성과 관련된 명언들에서 엿볼 수 있는 것은 창의적인 팀이 되기 위해서는 자유로운 분위기 속에서 구성원들 스스로가 즐겁게 몰입하도록 만들어야 한다는 것이다. 재미있는 활동들을 팀원들과 함께 해 봄으로써 팀 창의성을 키워보자.

■ 팀에 창의성을 불어 넣는 실천 활동

 아래 개선 방향을 확인하면서 현업에서 쉽게 따라 할 수 있는 활동을 해봄으로써 팀원들끼리 창의성이 공유되는 경험을 해보자. 서로 간의 아이디어를 나누면서 생각의 폭을 넓히는 계기가 될 것이다.

개선 방향	추천하는 활동
서로 의견을 공유하고 새로운 관점으로 접근해서 아이디어를 다양하게 만들어보자.	〈판매왕 선발하기〉
동료들과 함께하는 과정에서 창의적인 아이디어가 더 많이 도출될 수 있다는 경험을 해보자.	〈이름을 섞어봐〉
아이디어가 꼬리에 꼬리를 물고 나올 수 있다는 경험을 해보자.	〈만다라트〉

판매왕 선발하기

〈판매왕 선발하기〉라는 활동은 회의나 워크숍 등 실내에서 쉽게 팀원들과 할 수 있는 활동으로, 특정 소품을 새로운 고객에게 판매하는 다양한 방법을 생각해내는 일종의 판매 게임이다. 이 활동을 통해 창의적인 판매 방법을 생각해볼 수 있고, 활동 과정에서 서로 협력하면서 문제 해결 능력을 키울 수 있다.

준비물 모조전지, 매직펜, 스티커

원활한 진행을 위한 Tip

● 될 수 있으면 친근한 물건을 많이 파는 방법을 생각하게끔 한다.

단계	순서	매뉴얼	시나리오	단계별 준비물	단계별 진행 TIP
준비	1	활동목적 및 진행방법을 간단히 설명한다.	"4명씩 팀을 나눠보겠습니다. 어느 팀이 가장 물건을 잘 파는지 보겠습니다."		꼭 4명이 아니라도 된다.

액션 진행	2	게임을 진행한다.	"어떻게 하면 귤을 많이 팔 수 있을까요? 10분 동안 판매 방법을 모조전지에 적어 보세요. 기발한 아이디어들을 기대해 보겠습니다."	모조 전지	많은 선택을 받은 팀에게는 작은 상품을 준다
	3	제한시간이 끝난 후, 의견을 공유한다.	"자, 시간이 다 되었습니다. 각자 팀에서 어떤 방식으로 판매하는지 발표하는 시간을 갖겠습니다." "발표를 다 들어봤으니 마음에 드는 발표 팀의 전지에 스티커를 붙여주세요."		
마 무 리	4	모두 발표를 마친 뒤에 활동의 의미를 설명한다.	"평소에 쉽게 구매했던 물건이지만 막상 반대 입장에서 판매하려니 잘 안 되죠? 그럼에도 다양한 생각을 해보기도 하고 동료들의 아이디어에서 영향을 받는 경험도 해봤습니다. 앞으로 우리 프로젝트에서도 이 활동에서 한 것처럼 의견을 공유하면서 새로운 아이디어를 많이 만들어 냅시다."		

이름을 섞어봐

이 활동은 한글을 자음·모음으로 나누어 단어를 만들고 이야기를
만들어내는 게임이다. 속도감 있고 창의적으로 생각할 수 있도록 참
석자들을 자극하는 활동이다.

준비물 모조전지 또는 화이트보드, A4 종이(참석자 수만큼), 필기구

원활한 진행을 위한 Tip

가장 긴 단어나 문장을 만들어 낸 팀에게 추가로 상품을 주는 것도
재미있다.

단계	순서	매뉴얼	시나리오	단계별 준비물	단계별 진행 TIP
준비	1	활동목적 및 진행방법을 간단히 설명한다.	"3~4명으로 조별로 나눠서 앉겠습니다. 함께 하나의 스토리를 만들어보는 게임을 해봅시다."		

액션 진행	2	게임을 진행한다	"자신의 이름을 자음, 모음으로분리하여 각자 종이에 적어보세요. 3분을 드릴 테니 자신의 이름으로 만들 수 있는 단어를 최대한 많이 만들어 보세요. 시작!"	종이, 펜	게임 이해도를 높이기 위해 진행자가 예시를 적어서 보여주면 좋다. 단어 중복사용은 허용한다.
	3	조원들과 의견을 공유한다.	"자, 시간이 다 되었습니다. 단어가 한정되어있죠? 이제 조원들과 자/모음을 공유하여 단어를 만들어봅시다. 5분 드리겠습니다."		
	4	팀 활동을 진행한다.	"이제 이 단어들을 활용해서 우리 프로젝트의 주제인 '원가절감'과 연관될 수 있는 문장을 만들어 보세요. 10분 드리겠습니다."		
	5	의견을 공유 하는 시간을 갖는다.	"조 순서대로 발표해보겠습니다."		
마 무 리	6	모두 발표를 마친 뒤에 활동의 의미를 설명한다.	"어떠셨나요? 하나의 스토리를 만드는 것도 여러 사람이 함께 고민하니 좀 더 수월하죠? 재미있는 분위기 속에서 기발한 생각들이 많이 나온다는 것을 느꼈을 겁니다. 자, 이제 업무에서도 창의적인 분위기를 만들어나가기 위해 노력합시다."		

1. 조원 전체는 자신의 이름을 한글 자/모음으로 나눈다.

2. 조원들과도 자/모음을 합친다.

3. 최대한 단어를 많이 만든다.

예시) 홍길동/임꺽정

ㅎ ㅇ ㄱ ㄹ ㄷ ㅇ / ㅇ ㅁ ㄲ ㄱ ㅈ ㅇ → ㅎ ㅇ ㄱ ㄹ ㄷ ㅁ ㅈ

ㅗ ㅣ ㅗ / ㅣ ㅓ ㅓ → ㅗ ㅣ ㅓ

➡ 고지, 미로, 기로, 지도 등

만다라트(Mandal-art)

만다라트(Mandal-art) 기법은 일본의 디자이너 이마이즈미 히로 아키가 개발한 발상기법이다.

	사내 동아리			생일자 케이크 전달			체육대회	
	유연 근무제도		사내 동아리	생일자 케이크 전달	체육대회		확실한 휴식	
			유연 근무제도	즐거운 회사 만들기	확실한 휴식			
			즐거운 회사 벤치마킹	일 앞에 프로라는 자세	동료 이해			
	즐거운 회사 벤치마킹			일 앞에 프로라는 자세			동료 이해	

만다라트는 위 그림 가운데 위치한 9개의 작은 정사각형으로 구성된 정사각형으로부터 시작하여 주위를 둘러싼 정사각형들로 퍼져나가는 방법으로 진행한다. 예를 들어, 회의 주제가 "즐거운 회사 어떻게 하면 만들 수 있을지 아이디어를 도출하자"이면, 만다라트 사각형 가운데에 "즐거운 회사 만들기"라고 적으면서 시작한다. 그리고 "즐거운 회사 만들기"를 위해 필요한 것들을 주위 사각형에 채워가는 방법

이다. 다 채운 후 각 방향으로 퍼져가면서 같은 방법으로 단어들을
채워가면 된다.

준비물 모조전지 또는 화이트보드, 매직펜

만다라트 양식을 미리 준비해서 진행하면 시간을 절약할 수 있다.

단계	순서	매뉴얼	시나리오	단계별 준비물	단계별 진행 TIP
준비	1	활동목적 및 진행방법을 간단히 설명한다.	"만다라트라는 발상기법을 한 번 해봅시다. 만다라트(Mandal-art) 기법은 일본의 디자이너 이마이즈미 히로아키가 개발한 발상기법 입니다."		참석자들에게 직접 만다라트 사각형을 그려보게 하는 것도 좋다.
액션 진행	2	게임을 진행한다	"가운데 작은 사각형에 '즐거운 회사 만들기'라고 적어보세요. (중간 생략) 자! 여러분들이 채워 넣은 단어들이 참 다양하군요."	만다라트가 그려진 종이, 펜	게임 이해도를 높이기 위해 진행자가 예시를 보여주면 좋다.

액션 진행	3	전체 참석자들과 각 조의 만다라트 결과를 공유한다.	"자, 각 조에서 나온 단어들을 공유해봅시다."	만다라트가 그려진 종이, 펜	조별로 게임을 진행했다면 참석자 전체와 공유하는 발표 시간을 가지면 좋다.
마무리	4	모두 발표를 마친 뒤에 활동의 의미를 설명한다.	"어떠셨나요? 만다라트라는 발상 기법을 통해서 다양한 아이디어 발굴 가능성을 엿보는 좋은 기회가 된 것 같습니다."		

CHAPTER 2

신뢰가 필요한 팀

"저 사람은 도대체 믿음이 안 가!"

"팀장님이 무슨 의도에서 지시했을까? 혹시 숨은 의도가 있는 건 아닐까?"

이런 말이 여러분의 팀에서 들어봄 직한 말이라면 안타깝게도 그 팀은 지금 신뢰에 금이 가고 있다는 뜻이다. 뭐 이런 말 정도 가지고 팀원 간 신뢰에 금이 간다고 하면 확대해석이라고 하겠지만, 기업 현장에서 목격한 팀들의 현실은 그리 긍정적이지 않다. 같은 팀으로 회사에서 한가족처럼 존재하는데도 팀원 간 불신이 가득하고, 갈등이 언제 터질지 모르는 풍선처럼 이곳저곳에서 부풀어 오른다. 이런 팀은 더 이상 팀으로서 의미는 없다. 즉, 신뢰가 없는데 지속적인 성과를 그 팀에서 기대한다는 것 자체가 욕심이다.

너와 내가 허심탄회하게 믿고 의지하여 끈끈한 보이진 않지만 신뢰의 끈이 만들어 진 팀의 모습을 떠올려보자. 이런 팀은 일 처리가 효율적으로 진행된다. 팀원 각자의 업무 노하우는 누가 시키지 않아도 동료에게 전수된다. 또한 팀원 간의 사적 관계도 깊어져서 사소한 오해가 깊은 갈등으로 번져가는 것을 미연에 차단되는 효과도 있다. 서로 간에 대화가 많아지다 보니 동료에 대한 정보를 많이 습득하게 되고 이 정보는 동료를 이해하고 공감하는 밑거름으로 작용하기 때문이다.

■ 우리 팀 지금 이런 모습인가요?

– 서로 책임을 회피하려 하고 떠넘기려 하는 모습을 보인다.

– 사실을 조작하거나 왜곡한다.

– 정보를 덮어두고 사적 소유한다.

– 공을 인정받는 것에 지나치게 집착한다.

– 자신에게 유리하도록 진실을 왜곡한다.

– 잘못을 덮거나 숨긴다.

– 대다수가 남 탓을 하거나 험담을 한다.

– 말을 많이 하지만 실제 행동으로 이어지지 않는다.

– 구성원들이 서로에 대해 다가가려고 하지 않는다.

– 나쁜 일이 벌어져도 아닌 것처럼 행동한다.

위의 모습들이 우리 팀에서 발견된다면 팀원 간 신뢰감을 높여야 한다. 우선, 상호 신뢰감을 높이기 위한 첫 스텝은 자연스럽게 팀원 간에 개인 정보를 공유하게 하는 것이다. 팀 동료와 몇 년을 같이 있었어도 실제 그 동료의 가족관계, 관심사, 최근 고민거리 등을 직접 물어보고 들어보지 않는 한 대부분이 동료에 대해 어렴풋하게만 알고 있는 게 현실이다.

서로 간 정보를 많이 공유할수록 오해와 불신의 씨앗이 자라는 것을 방지할 수 있다. 즉, 동료가 한 어떠한 행동에 대해 '아! 그래서 그랬을 거야'라고 이해할 수 있는 것이다.

■ 신뢰가 필요한 팀에게 들려주는 한 문장

누군가를 신뢰하면 그들도 너를 진심으로 대할 것이다. 누군가를 훌륭한 사람으로 대하면 그들도 너에게 훌륭한 모습을 보여줄 것이다

– 랄프 왈도 에머슨(미국 시인)

아무도 신뢰하지 않는 자는 누구의 신뢰도 받지 못한다

– 제롬 블래트너(Sargent & Lundy 임원)

상대를 믿어라. 그러면 그들도 우리를 진실 되게 대할 것이다. 상대가 위대한 사람인 것처럼 대우하라. 그러면 그들 자신이 위대한 사람이라는 사실을 입증할 것이다.

– 랄프 왈도 13가지 에머슨(미국 시인)

신뢰와 관련된 명언들에서 엿볼 수 있는 것은 서로 신뢰를 갖는 팀이 되기 위해 먼저 자신들이 팀 동료들을 믿어야 한다는 것이다. 재미있는 활동들을 구성원들과 함께 해 봄으로써 팀 신뢰성을 키워보자.

■ 팀에 신뢰성을 불어 넣는 실천 활동

    아래 개선 방향을 확인하면서 현업에서 쉽게 따라 할 수 있는 활동을 해봄으로써 팀원들끼리 창의성이 공유되는 경험을 해보자. 서로 간의 아이디어를 나누면서 생각의 폭을 넓히는 계기가 될 것이다.

개선 방향	추천하는 활동
서로를 좀 더 알아보자. 업무 외에도 개인적으로 더 알기 위해 노력해보자.	〈진실게임〉
자신을 어필하면서 조직에서 긍정적인 시너지가 발생할 수 있는 부분을 찾아보자.	〈장점 빙고〉
동료가 선호하는 것, 싫어하는 것들을 알아보자.	〈감정신호등〉

진실게임

　이 활동은 참가자들이 순서대로 자신에 관해 이야기하면서 서로에 대해 알아가는 게임이다. 서먹한 분위기를 개선할 때 좋은 방법이며, 참석자들끼리 이미 친분이 두텁더라도 흥을 돋을 수 있다. 서로에 대한 관심을 키우고 유대감을 돈독히 하면서 상호 신뢰를 향상하는 분위기를 만드는 효과가 있다.

준비물 포스트잇, 필기구

원활한 진행을 위한 Tip

　진행자가 먼저 삶의 진실을 작성하여 보여준다.
　거짓에 대한 규칙은 없다.

단계	순서	매뉴얼	시나리오	단계별 준비물	단계별 진행 TIP
준비	1	활동목적을 설명하고, 참가자들에게 종이를 나누어 준다.	"오늘은 색다른 진실게임을 진행하겠습니다. 이를 통해 서로에 대해 좀 더 알아보는 시간을 갖도록 하겠습니다."		활동 시작 전에 가벼운 이야기로 아이스브레이킹을 한다.

액션진행	2	제한시간을 주고, 포스트잇에 진실과 거짓을 섞어서 작성하게 한다.	"자신의 삶 중 흥미로운 진실 속에 거짓을 섞어서 작성해 보겠습니다. 사실을 5가지 적는데, 그중 2가지는 거짓으로 적도록 합니다. 시간은 5분 드리겠습니다."	포스트잇, 펜	진행자는 본인의 예시를 든다. (성장과정) "저는 서울에서 태어났지만 자란 곳은 부산입니다." 등. 거짓의 범위는 상관없다.
액션진행	3	제한시간이 지나면, 작성한 포스트잇 내용을 읽는다.	"한 명씩 자신이 작성한 재미있는 사실을 읽어주시길 바랍니다." (예시) OO 사원 1. 8년간 피아노를 배워 잘 친다. 2. 영화를 500편 봤다. 3. ……. "어느 것이 진실일까요? 거짓일까요? 거짓을 한 번에 맞춘 분에게는 작은 상품을 드리겠습니다."	포스트잇, 펜	진행자는 본인의 예시를 든다. (성장과정) "저는 서울에서 태어났지만 자란 곳은 부산입니다." 등. 거짓의 범위는 상관없다.
	4	활동 진행 후 모든 참가자 순서대로 돌아간다.	진행자는 다음 순서로 진행을 이어나가도록 한다.		

| 마무리 | 5 | 모두 발표를 마친 뒤에 활동의 의미를 설명한다. | "서로에 대해 몰랐던 재미있는 사실을 알 수 있었습니다. 의외의 면도 알게 되면서 좀 더 돈독해지는 계기가 되었네요." | | |

장점 빙고

이 활동은 자신의 다양한 장점을 이야기해보는 재미있는 게임이다.
새로운 팀이 만들어져 서로 낯선 상황에서도 사용할 수 있으며, 아이
스브레이킹에도 효과적이다. 팀원이 서로의 업무역량을 확인해 볼 수
도 있고 친목을 다지고 긍정적인 분위기를 조성할 수 있다.

준비물 종이, 펜

원활한 진행을 위한 Tip

굳이 업무와 관련된 장점이 아니어도 좋다

즐겁게 진행할 수 있도록 먼저 빙고를 외친 사람에게는 작은 상품
을 준다.

단계	순서	매뉴얼	시나리오	단계별 준비물	단계별 진행 TIP
준비	1	활동을 간단하게 설명한다.	"우리는 서로를 얼마나 잘 알고 있을까요? 그 전에 나에 대해서는 얼마나 알고 있을까요? 오늘 나의 장점을 어필해보는 시간을 갖겠습니다."		

액션진행	2	빙고를 그리게 한다.	"빙고 5×5, 총 25칸을 여러분들의 장점으로 채워주세요. 준비시간은 7분 드리겠습니다. 시작!"	종이, 펜	진행자는 예시를 보여준다.
	3	순서를 돌아가며 빙고게임을 진행한다.	"빙고는 3줄 완성입니다. 먼저 빙고를 외치는 세 분에게는 작은 상품이 있습니다."		
마무리	4	모든 순서를 마친 뒤에 활동의 의미를 설명한다.	"서로에 대해 몰랐던 부분도 있었죠? 새롭게 알게 된 부분을 통해 좀 더 가까워진 것 같습니다. 업무에서도 이런 긍정적인 분위기를 이어나갑시다."		

○ 빙고 시트 예시

열정	……			
	자신감		부지런함	
	의지가 강하다			
……		……		솔직함
		침착함	……	

감정신호등

　이 활동은 참가자들이 감정 신호등 양식에 자신의 선호, 기피 상황을 적고 동료들과 공유해보는 간단한 게임이다. 단순한 활동이지만 각자 선호, 기피하는 상황을 시각적, 청각적으로 확인해보는 경험은 사소한 오해와 불신을 미연에 방지하는 효과를 줄 수 있다.

성 명	빨간색	노란색	파란색
이순신 팀장	시간 안 지키는 것	작은 목소리로 중얼거림	잦은 휴식 시간
유관순 과장	다리 떠는 모습	정확하지 못한 정보 전달	퇴근 후 치맥!
중간 생략			
홍길동 대리	반말	~ 선화 목소리	
장보고 주임	예고 없는 업무 부과	회의 중 딴짓	이유 없는 야근

　우선 모조전지에 위 그림과 같이 표를 만든다. 그리고 팀원들의 이름을 기입한다. 빨간색은 개인적으로 기피하는 상황을 의미하고, 노란색은 선호하지는 않지만 그래도 참을만한 상황, 파란색은 개인적으로 선호하는 상황을 뜻한다. 각자 색깔에 맞는 포스트잇을 사용하여 각자의 절대 기피, 보통, 선호 상황을 적어보고 공유하는 활동이다.

준비물 포스트잇(빨간색, 노란색, 파란색), 모조전지, 필기구

원활한 진행을 위한 Tip

진행자가 먼저 색깔 포스트잇을 사용해서 작성하여 보여준다.

포스트잇이 없는 상황에서도 탄력적으로 진행해도 좋다.

활동 후 감정신호등 최종 결과물(전지)을 팀원들이 다 볼 수 있는 곳에 부착해도 좋다.

단계	순서	매뉴얼	시나리오	단계별 준비물	단계별 진행 TIP
준비	1	활동목적을 설명하고, 참가자들에게 포스트잇 색깔별로 나눠준다. 모조전지도 전체 1장을 준비해서 감정 신호등 양식을 만든다.	"감정신호등이라는 활동을 해봅시다. 각자 빨간, 파란, 노란 포스트잇을 한 장씩 받으세요."	3가지 색깔 포스트잇, 모조전지	시작 전 미리 전지를 이용해 양식을 만들어 놓으면 시간이 절약된다.
액션 진행	2	제한시간을 주고, 포스트잇에 각자의 선호, 보통, 기피 상황을 적어보게 한다.	"빨간 포스트잇에는 절대 기피하는 상황을, 노란 포스트잇은 그저 그런 보통 상황을, 파란 포스트잇에는 선호하는 상황을 적어보세요. 시간은 5분 드리겠습니다."	포스트잇, 펜	

액션진행	3	제한시간이 지나면, 각자 작성한 포스트잇 내용을 발표한다.	"자, 다 적었으니 자신의 것을 발표해 봅시다. 듣고 궁금한 점이 있을 때 편하게 질문하면 됩니다."	포스트잇, 펜	
마무리	4	모두 발표를 마친 뒤에 활동의 의미를 설명한다.	"서로가 무엇을 싫어하고 좋아하는지 너무 몰랐었네요. 이제는 좀 더 알게 되었으니 꼭 기억했다가 서로에게 다가가면 좋겠습니다."		

CHAPTER 3

소통이 필요한 팀

원활한 소통은 청자와 화자 모두 서로 오해 없이 뜻이 잘 통하는 것을 말한다. 어느 조직이든지 소통의 중요성은 알지만 아이러니하게도 조직의 가장 큰 문제는 대부분 소통이 어렵다는 것이다.

현대 경영학의 아버지인 피터 드러커(Peter Drucker)는 소통에 대해 이런 말을 남겼다. "현대 경영은 커뮤니케이션에 의해 좌우된다." 그만큼 소통은 조직성과에 있어 핵심 요소이다. 그러나 주변에서 볼 수 있는 조직은 소통이 어려워 다양한 조직 문제를 발생시키는 모습이다. 회의가 빈번한 조직, 대화의 장이 많은 조직이라고 해서 소통에 문제가 없다는 안일한 생각을 해서는 안 된다. 지금부터라도 우리 조직은 서로를 진정으로 이해하려고 노력하는가에 대해 고민해볼 필요가 있다. 뻥 뚫리는 시원한 느낌! 이런 조직을 위한 첫걸음은 구성원들끼리 자연스럽게 대화할 수 있는 환경을 만들어나가는 것부터 시작이다.

■ 우리 팀 지금 이런 모습인가요?

- 조직 구성원 간 세대 차이로 인해서 문제가 발생하고 있다.
- 상명하복의 의사결정이 자주 이루어진다.
- 서로의 의견을 경청하지 않는다.
- 단방향 의사소통이 빈번하게 발생하며, 회의할 때 주로 소수 사람만 말한다.
- 구성원들끼리 서로 관심이 없다.
- 업무 지시가 명확하지 않다.
- 조직보다는 나의 개인적 이익을 우선시하는 경향이 커졌다.
- 회사 내 소통 채널이 없다.

위 모습들이 우리 팀에서 발견된다면 팀원 간 소통을 강화해야 한다. 우선, 소통이 잘 되게 하기 위해서는 자연스럽게 대화를 할 수 있는 분위기 조성부터 해야 한다. 그리고 구성원 개개인은 다양한 성격과 특징을 가졌다는 것을 감안하고 상호 교류하는 자세도 필요하다.

인간은 본능적으로 나 중심으로 생각하기 상대방의 말을 듣는 것보다 내가 하고 싶은 말을 하려는 경향이 크다. 그러다 보니 서로 자기 말만 하려는 충돌 현상이 발생하게 되는 것이다. 경청의 중요성을 깨닫는 것도 소통을 강화하는 데 효과적이다. 더불어 음성 전달 외에 비언어적 전달 방법을 향상시켜 소통하는 힘을 키우는 것도 도움이 된다.

■ 소통이 필요한 팀에게 들려주는 한 문장

커뮤니케이션에서 가장 중요한 것은 상대방이 말하지 않은 소리를 듣
는 것이다.

– 피터 드러커(미국 경영학자)

나는 의사소통을 진작시키는 모든 도구가 사람들이 서로 배우는 방
식, 누리고자 하는 자유를 얻어내는 방식에 지대한 영향을 미친다고
굳게 믿는다.

– 빌 게이츠(Microsoft Company 기술고문)

기업 경영의 과거형은 관리이다. 경영의 현재형은 커뮤니케이션이다.
경영의 미래형 역시 소통이다.

– 마쓰시타 고노스케(마쓰시타 전기산업 사장)

소통과 관련된 명언들에서 엿볼 수 있는 것은 소통하는 팀이 되기
위해서 서로의 목소리에 귀 기울이는 분위기를 만들고 그 가운데서
구성원들의 의사소통능력이 올라간다는 것이다. 재미있는 활동들을
팀원들과 함께해 봄으로써 소통능력을 키워보자.

■ 팀에 소통을 불어 넣는 실천 활동

    아래 개선 방향을 확인하면서 현업에서 쉽게 따라 할 수 있는 활동을 해봄으로써 팀원들끼리 창의성이 공유되는 경험을 해보자.

개선 방향	추천하는 활동
서로의 의견을 존중하고 경청하며, 상대방의 말을 끝까지 들어주자. 부정적인 것보다는 긍정적인 피드백을 주자.	〈그러나〉
편견을 버리자. 서로의 다름을 인정하고, 다양하다는 사실을 인지하자. 서로 이해하기 위해 노력하자.	〈상황극〉
말 이외에 비언어적인 소통 수단에도 신경을 쓰자.	〈말하지 않아도 알아요〉

추천 활동 1. 그러나

활동은 '그러나'라는 부정적인 표현이 어떤 느낌으로 다가오는지 말해보고 동시에 들어보는 게임이다. 부정적인 피드백이 의사소통에 얼마나 방해가 되는지 직접 체험해보면 긍정적인 방향으로 응답하게끔 자연스럽게 유도하는 효과를 기대할 수 있다.

준비물 없음

원활한 진행을 위한 Tip

게임 시작 전에 진행자는 많은 대화 예시를 보여주면 좋다.
"그러나, 아니오, 반대합니다." 등 부정적 의미를 나타내는 단어면 된다. '그러나'와 '그리고'의 대화 주제가 같을 필요는 없다.

단계	순서	매뉴얼	시나리오	단계별 준비물	단계별 진행 TIP
준비	1	활동목적 및 진행 방법을 간단히 설명한다.	"2명씩 짝을 지어주세요. 함께 여행 계획을 짜보도록 하겠습니다. 1,000만원의 예산을 드리겠습니다. 이제 마음껏 계획을 정해보시길 바랍니다."		액수는 제한 없이 해도 된다.
액션 진행	2	유의사항을 좀 더 알려준다. 듣는 이는 그럼에도 불구하고를 말하면서 대답을 해야 한다.	"한 사람이 먼저 제안하는 것으로 시작합니다. 이때 듣는 사람은 무조건 반대를 하고 시작하는 것으로 합니다." (예시) 듣는 사람은 문장의 시작을 '그러나'로 말하면서 문장을 완성합니다. A: "유럽으로 여행을 갈까요?" B: "그러나/그런데 유럽보다 동남아는 어떨까요?" "이런 식으로 3분간 진행하시면 됩니다. 시작!"		
액션 진행	3	제한시간이 지난 후, 그러나 대신 동의의 표현으로 그리고를 사용한다.	"3분이 지났습니다. 이제는 '그리고'로 대화를 진행하겠습니다. 순서를 바꿔서 시작!"		

| 마무리 | 4 | 의견을 나누고 활동을 정리한다. | "재미있었던 의견을 나눠보겠습니다. 부정적인 피드백과 긍정적인 피드백을 들었을 때 기분이 어떻게 달랐나요? 우리 업무 속에서는 '그러나'가 왜 나오게 될까요? 여러 이야기를 논의해봅시다." | | '그러나'와 '그리고' 활동 시 느낀 점을 말해보게 한다. |

상황극

이 활동은 서로의 명찰에 따른 대우를 받으면서 편견을 직접 느껴 보는 게임이다. 구성원들의 다양성을 직접 체험하면서 서로의 다름을 인정해보는 계기가 된다. 또한 원활한 의사소통을 위해서는 편견을 버려야 함을 깨닫는다.

준비물 특정한 명령어나 지위가 적혀있는 명찰, 혹은 A4용지, 스티커 (예, 나를 무조건 반대하라. 나의 말에 무조건 동의하라. 명령조 로 말해라. 나에게는 반말을 해라 등등)

원활한 진행을 위한 Tip

진행자가 먼저 삶의 진실을 작성하여 보여준다.

명찰 대신 모자를 이용해도 좋다. 제일 좋은 방법은 등 뒤에 A4용 지를 테이프로 붙이는 것이다.

주제는 자유롭게 정한다

(예, 총 4명을 만나라. 한 사람당 영화 한 편씩 이야기하기 등.)

명찰대로 사람을 대우하는 것에 대해 어떻게 느꼈는지 이야기해 본다.

제한시간은 노래로 해도 좋고, 만나야 하는 사람 수로 정해도 좋다.

단계	순서	매뉴얼	시나리오	단계별 준비물	단계별 진행 TIP
준비	1	활동목적 및 진행방법을 간단히 설명한다.	"전체를 5~6명으로 나누겠습니다. 인원수대로 명찰을 받아가세요. 대신 자신의 명찰에 뭐가 쓰여 있는지 확인하면 안됩니다."	명찰	각각의 명찰은 앞에 종이를 붙여 안 보이게 해놓는다
액션진행	2	명찰을 서로 붙여준다.	"명찰을 붙이고 각자 스티커를 떼어주세요. 명찰을 보시면 안됩니다. 그리고 당사자가 아는 것을 방지하기 위해 읽으면 안됩니다. 다들 명찰에 적힌 대로 상대방을 대우해주세요."		주제는 자유롭게 정한다.
	3	제한시간을 주고 진행한다.	"앞으로 10분간 진행하겠습니다. 최근 1주일 동안 재미있었던 일을 말하는 겁니다. 최대한 많은 사람을 만나야 합니다. 만난 사람에게 스티커를 받도록 하겠습니다. 시작! 서로 명찰에 적혀 있는 대로 상대방을 대우해주는 것을 명심하세요."		
마무리	4	모두 발표를 마친 뒤에 활동의 의미를 설명한다.	"시간이 다 되었습니다. 명찰을 떼기 전에 자신의 것을 맞춰보는 시간을 갖겠습니다." (진행) "이제 자신의 명찰을 확인해 주세요. 이렇게 대하는지 의문이 풀렸나요? 편견 없이 대하는 것의 중요성을 배워봤습니다."		

말하지 않아도 알아요

이 활동은 서로 말하지 않은 채로 의사소통을 통해 생각을 맞춰나가는 게임이다. 말하지 않아도 어느 정도 의사소통이 가능하다는 것을 알 수 있고, 비언어적 의사소통의 중요성을 깨닫게 한다.

준비물 전지(팀별로 3장), 색깔별 마커

원활한 진행을 위한 TIP

게임 시작 전에 진행규칙에 대해 자세히 설명해 준다.

몸짓과 같은 비언어적 요소의 중요성도 예시로 알려준다.

⇒ 이것만으로도 충분히 뜻은 전달된다는 사실을 알려주고자 함이다.

단계	순서	매뉴얼	시나리오	단계별 준비물	단계별 진행 TIP
준비	1	활동목적 및 진행 방법을 간단히 설명한다.	"오늘은 말하지 않아도 알아요 라는 게임을 통해 조별로 4~5명씩 나누겠습니다. 조장을 정해서 각 조의 조장들만 앞으로 나와 주시길 바랍니다."		

액션진행	2	활동을 진행한다	"제가 조장에게만 글자를 하나 보여드리겠습니다. 방금 본 글자를 조장은 조원들에게 말해서는 안 되고, 그림으로 그려주세요." 제시된 단어 '행복' 조장은 조로 돌아가서 조원들에게 말하지 않고 그림으로만 '행복'을 그려서 표현한다.	전지 마커	글씨는 적어도 된다고 한다. 제한시간을 준다.
	3	활동을 이어서 진행한다.	"이제부터 모두 말씀하시면 안 됩니다. 조원들은 말씀하지 마시고 전지에 글씨나 그림으로만 의사소통하시길 바랍니다. 조장님도 말하지 않고 전지에 작성하거나 말하지 않고 의견을 서로 교환해 주시길 바랍니다." "총 3가지 단어로 활동을 반복하겠습니다." (예시) 단어 '행복' '순간' '가족'		
마무리	4	제한시간이 지난 후, 조별로 결과를 발표한다.	"네, 10분 동안 답답하셨죠? 차례대로 발표해 보겠습니다. 나와서 그림을 붙여볼까요? 모두 같은 단어인데도 다양한 그림이 나왔습니다. 여기저기서 재미있는 소리가 났는데요. 서로 어떻게 의사소통하셨나요? 말하지 않아도 통하는 부분이 분명 있었을 것입니다. 비언어적 요소의 중요성을 몸소 체험해보았습니다. 업무에 임할 때도 이를 유념하시길 바랍니다."	테이프	진행자는 그림에 대해 피드백을 준다

CHAPTER 4

동기부여가 필요한 팀

하버드 경영대학원 교수인 테레사 애머빌과 연구원 스티븐 크레이머는 관리자를 상대로 '무엇이 직원들을 동기부여 시킨다고 느끼는가'를 조사하여 그 결과[1]를 「하버드 비지니스 리뷰」에 발표했다. 조사에서 대부분 관리자들은 '인정'해줄 때 직원들이 동기부여가 될 것이라고 응답하였으나 실제 조사 결과, 직원들은 '일의 진전'이 있을 때 가장 긍정적인 감정을 느낀다는 사실을 발견했다. 그리고 장애물이 있다고 느낄 때 가장 무기력해 했다.

이 결과는 자신이 성장하고 있다는 느낌을 주는 것이 가장 효과적인 동기부여 방법이라는 사실을 알려준다. 성공적인 동기부여를 위해서는 팀원들이 자발적으로 업무를 수행하면서 만족할 수 있는 분위기를 조성해야 한다. 일이 진전되면서 개인이 성장하고 이로써 조직도 함께 성장하는 선순환이 이루어지기 때문이다. 동기부여는 개인과 조직 모두 win-win할 수 있기 때문에 그만큼 중요하다.

---

1) cf. The HBR List: Breakthrough Ideas for 2010, 1. What Really Motivates Workers. 테레사 애머빌(Teresa M. Amabile)과 스티븐 크레이머(Steven J. Kramer)

■ 우리 팀 지금 이런 모습인가요?

　- 노력에 대한 적절한 보상이 주어지고 있지 않다.
　- 조직의 성과평가 기준이 모호하다.
　- 폐쇄적인 분위기이다.
　- 구성원들의 도전의식이 떨어진다.
　- 비생산적인 경쟁이 난무하다.
　- 피드백이 잘 이루어지지 않는다.
　- 조직의 비전과 개인의 비전 간에 간격이 커지고 있다.

위 모습들이 우리 팀에서 발견된다면 동기부여가 필요한 상황이다. 팀에 동기부여 기운을 불어넣기 위해서는 먼저 팀원 간의 결속을 느끼게 하는 것이 좋다. 서로 격려해주는 분위기를 만드는 것이다. 그리고 개인의 자율성이 커졌다고 느끼게 만들어서 개인의 목표 설정을 장려해주면서 그 목표 달성을 응원해주는 것도 효과가 크다.

■ 동기부여가 필요한 팀에게 들려주는 한 문장

사람들은 동기 부여는 오래가지 않는다고 말한다. 목욕도 마찬가지다. 그래서 매일 하라고 하는 것이다.

– 지그 지글러(미국 작가, 연설가)

훌륭한 지도자는 아랫사람들이 큰일을 할 수 있도록 동기를 부여하는 사람이다. 그리고 자기가 임무를 완성했을 때, 백성들 입에서 "마침내 우리가 이 일을 해냈다"고 자랑스럽게 말할 수 있도록 하는 사람이다.

– 노자(중국 사상가)

내 경험으로 동기란 단 하나뿐이고, 그건 갈망이다. 어떤 판단이나 원칙도 그걸 누르거나 저항할 수 없다.

– 제인 스마일리(미국 소설가)

동기부여와 관련된 명언들에서 엿볼 수 있는 것은 관리자가 직원들의 동기를 끌어내는 분위기를 만들고 방향을 제시해줘야 한다는 것이다. 재미있는 활동들을 팀원들과 함께해 봄으로써 동기부여능력을 키워보자.

■ 팀에 동기부여를 불어넣는 실천 활동

아래 개선 방향을 확인하면서 현업에서 쉽게 따라 할 수 있는 활동을 해봄으로써 팀에 동기부여가 커지는 것을 느껴보자.

개선 방향	추천하는 활동
동료 간의 결속을 통해 조직 내 동기부여를 원활하게 하고, 서로 인정해주고 격려하는 긍정적인 문화를 만들어보자.	〈내 인생의 특별한 순간〉
우리 조직의 비전과 개인의 비전이 일치하게 만들어보자.	〈명언 만들기〉
미션을 계속 생각하면서 동기부여를 유지하는 체험을 해보자.	〈저를 따라오세요〉

내 인생의 특별한 순간

이 활동은 각자 개인적으로나 조직 내에서 겪었던 특별한 순간에 대해 공유하면서 동료 간의 결속을 다지는 게임이다. 이를 통해 긍정적인 분위기를 만들어 동기부여를 원활하게 하고, 관리자는 직원들의 가치관을 알 수 있다.

준비물 고깔모자(장난감 가게나 파티용품점에서 구매가능), 종이, 펜

원활한 진행을 위한 TIP

참여자들보다 높은 직급이라면 참여자들을 고무시킬만한 경험을 먼저 공유한다.

단계	순서	매뉴얼	시나리오	단계별 준비물	단계별 진행 TIP
준비	1	활동목적 및 진행 방법을 간단히 설명한다.	"우리 삶에는 특별한 순간들이 있습니다. 그러나 매일 함께 일하는 동료들의 특별했던 경험에 대해서는 잘 알지 못합니다. 지금부터 자기 인생의 특별했던 순간을 공유해봅시다."		활동 목적을 진지하게 이야기할 필요는 없다.
액션 진행	2	참가자들에게 종이를 나누어주고, 5분의 작성시간을 준다.	"엄청나게 큰 사건이 아니어도 좋습니다. 우리 삶이 매일 큰 일이 벌어지는 것은 아니니까요. 5분의 시간을 드릴 테니 적어보세요."	종이, 펜	진행자가 먼저 자신의 인상적이었던 순간을 공유하면서 시작한다.
	3	제한시간이 지나면, 순서를 정하여 1번 순서인 사람에게 고깔모자를 건넨다.	"자, 시간이 다 되었습니다! 순서를 정해볼까요? 앞쪽에 계신 분부터 1번으로 해서 시계 방향으로 진행하겠습니다."	고깔 모자	

액션진행	4	고깔모자를 쓴 사람은 자신이 겪은 감격스러운 순간을 이야기한다.	"고깔모자를 쓰신 분은 우리와 함께 공유할만한 특별한 순간에 관해 이야기해주시면 되겠습니다."	고깔모자	한 사람 차례가 끝나면 다 함께 박수를 처준다.
	5	모든 참가자 순서대로 돌아갈 때까지 진행한다.	"다음 차례대로 진행하겠습니다."		
마무리	6	모두 발표를 마친 뒤에 활동의 의미를 설명한다.	"서로의 특별한 순간에 대해 공유해 보았습니다. 각자의 가슴 뜨거웠던 기억을 우리 팀에서도 만들어 봅시다."		

명언 만들기

이 활동은 유명인들이 남긴 명언 일부를 읽고 생략된 단어를 찾아보는 게임이다. 구성원들의 다양한 생각을 점검하여 함께 한 방향으로 나아가는 데 효과적이다.

준비물 2~3명당 한 부씩 복사물, 펜

원활한 진행을 위한 TIP

복사물을 미리 만들어야 하는 사전준비가 필요한 활동이다.
참가자들이 열린 마음으로 사고할 수 있도록 빈칸의 길이는 단어길이와 무관하게 동일하게 만든다.
유명인들의 명언이나 CEO의 인터뷰 내용 등을 참조해도 좋다.
리더십이나 직원들의 사기를 진작시킬 수 있는 문장이면 충분하다.

단계	순서	매뉴얼	시나리오	단계별 준비물	단계별 진행 TIP
준비	1	팀원들을 2–3명씩으로 그룹으로 만들고 여러 명언이 적힌 핸드아웃을 나누어준다.	(예시) "회사는 화려하게 보이는 데 연연해서는 안 된다. 빛나는 것은 지속되지 않는다." – 아마존 CEO, 제프 베조스 (Jeffrey Preston Bezos)	복사물	밑줄 친 부분을 빈칸으로 둔다.
액션 진행	2	제한시간 7분을 주고, 나눠준 핸드아웃에서 빈칸에 들어갈 단어가 무엇인지 추측하라고 한다.	"여러분, 지금부터 7분간 시간을 드리겠습니다. 나눠드린 명언 중에서 빈칸에 무슨 단어가 들어가면 좋을지 범위의 제한 없이 토의해 보십시오."		정답을 맞히는 것보다는 서로 논의를 나누는 과정의 중요성을 알려준다.
	3	제한시간이 지나면, 각 그룹이 빈칸에 어떤 단어를 왜 그렇게 작성했는지 발표하게 한다.	"자, 첫 번째 그룹부터 발표를 시작하겠습니다. 빈칸에 어떤 단어를 적으셨나요? 그렇다면 무슨 이유로 그 단어를 작성하셨나요? 의견을 함께 공유해보겠습니다."		
	4	모든 그룹이 순서대로 돌아갈 때까지 진행하고, 정답을 알려준다.	한 팀이 끝나면 박수를 쳐준다. "다음 그룹 진행하겠습니다."		

마무리	5	모두 발표를 마친 뒤에 의견 교환을 한다.	"정답 여부와 관계없이 어떤 내용이 가장 와 닿았고, 가장 현실적으로 느껴졌는지 서로 토의해 봅시다."		나온 단어들을 모두가 볼 수 있게 화이트보드 등에 적어주는 것도 좋다.

<명언만들기>

" 회사는 (화려하게) 보이는데 연연해서는 안 된다.
빛나는 것은 지속되지 않는다. "
- 아마존 CEO, 제프 베조스(Jeffrey Preston Bezos)

" (계산된 위험)은 감수하라. 이는 단순히 무모한 것과는
완전히 다른 것이다. "
- 미국의 장군, 조지 S. 패튼(George S. Patton)

저를 따라오세요

이 활동은 미션을 계속 생각하면서 동기부여를 유지하는 체험을 해 보는 게임이다. 시각 장애인에게 길을 안내하는 것처럼 안대를 착용 한 동료를 일정 구간의 거리를 가이드해 보면서 미션 완수를 위해 어 떤 자세를 가져야 하는지를 경험하는 기회가 될 것이다.

준비물 안대(참석자 수만큼), 의자와 책상을 이용한 장애물 설치(너무 복잡하게 하지 않아도 된다.)

원활한 진행을 위한 TIP

작은 회의실이라도 회의실을 2~3번 돌게 하면 공간의 제약에서 벗 어날 수 있다.

단계	순서	매뉴얼	시나리오	단계별 준비물	단계별 진행 TIP
준비	1	활동목적 및 진행방법을 간단히 설명한다.	"오늘은 매 순간 처리해야 할 임무에 대해서 집중을 하다 보면 일의 결과뿐만 아니라 결과를 만들어내는 과정에서 동기부여가 커진다는 것을 체험해 볼 겁니다." "자 3명 한 조를 만들어 주세요." "조원들끼리 가위바위보를 해서 이긴 사람 1명을 뽑겠습니다." "이긴 사람은 시각장애인 2명에게 길 안내 가이드가 되는 겁니다."	안대 (참석자 수만큼), 동선에 있는 장애물 배치	안대와 장애물을 미리 준비하면 시간을 줄일 수 있다. 보조 진행자가 있으면 좋다.
액션진행	2	활동을 시작한다.	"자, 준비가 되었으니 제가 미리 세팅해 놓은 장애물들을 잘 피해서 회의실을 2바퀴 돌아 주면 됩니다." "참고로, 3인 1조로 일정한 간격을 두고 돌도록 하겠습니다." "미션이 완수될 때까지 안대를 벗지 마시길 바랍니다. 자 그럼 맨 앞 조부터 출발하세요."		걸어갈 동선에 의자와 책상 등을 불규칙하게 배열해 둔다. 다만, 너무 위험한 배치는 삼간다.

액션진행	3	활동을 마쳤으면 서로 공유하는 시간을 가진다.	"자 모두들 미션을 완수했습니다. 안대를 벗어주세요." "시각장애인을 가이드 해주는 역할을 해보니 어떤 느낌을 받았나요?" "시각장애인 역할을 해보니 가이드로부터 어떤 느낌을 받았나요?"		동선의 길이는 상황에 따라 적당하게 조절한다.
마무리	4	마무리를 한다.	"동기부여의 시작은 내 마음부터입니다. 아주 작은 일이라도 그 순간 내가 그것에 매진할 때 그 일은 반대로 나에게 힘을 주게 됩니다. 동기부여를 외부에서 찾지 말고 내 마음속에서 찾아보는 하루가 되면 좋겠습니다. 수고 많았습니다."		

CHAPTER 5

성과지향이 필요한 팀

성과지향이라고 해서 단순히 경쟁적인 분위기를 만드는 것만을 뜻하진 않는다. 팀 내 이상적인 성과지향 문화를 조성하기 위해서는 팀원들 간의 합의가 반드시 전제되어야 한다. 팀이 원하는 성과에 대한 팀원들의 이해도를 높여야 한다. 또한 팀원들은 공정한 평가와 합리적인 보상을 받을 수 있다고 느껴야 한다. 함께 추구해야 하는 목표임을 깨닫고 이를 위해 팀 구성원 전체가 제대로 가고 있는지 점검하는 태도가 성과지향 문화 형성에 필수적이다.

■ 우리 팀 지금 이런 모습인가요?

 − 조직성과를 검증하는 수단이 불명확하다.

 − 목표의식이 부족하다.

 − 자신의 업무가 회사 이익과 연결된다는 인식이 약하다.

 − 직원들이 자신의 효율적 업무 스타일을 파악하지 못한다.

 − 생산적인 경쟁의식이 약하다.

 − 유사한 회의가 끊임없이 반복되고 의사결정력이 부족하다.

 − 어려운 일은 서로 미루려고 한다.

위 모습들이 우리 팀에서 발견된다면 성과지향형 팀으로의 변화가 필요하다. 성과지향형으로의 변화 첫걸음은 조직 가치와 목표에 대해 구성원 서로 간의 긴밀한 공유 시간을 가지는 것부터이다. 또한 다양한 개인이 모여 있는 조직체인 만큼 다양성을 존중해주는 분위기 형성도 중요하다. 또한 일을 바로바로 매듭짓고 넘어가는 업무 스타일로의 변화도 성과지향 팀을 만드는 데 도움이 된다.

■ 성과지향이 필요한 팀에게 들려주는 한 문장

언제나 일에 초점을 맞추지 않으면 안 되며, 그 일은 성과를 올리는 것이어야 한다. 일이 전부는 아니지만 최소한 최우선 순위 중의 하나여야 한다.

― 피터 드러커(미국 경영학자)

먼저 동지를 만들어라. 다음으로 그 단결을 도모하라. 그리고 한 사람 한 사람이 어떤 역할을 맡아 어떻게 실행할지를 이해하라. 이제 남은 일은 좋은 성과를 낼 수 있도록 전진하는 것뿐이다.

― 존 메이저(영국 前 수상)

자신의 업무에 대해 정확한 목표를 갖고 있지 않은 사람이 인재가 될 확률은 0.000001%보다도 적다.

― 피터 드러커(미국 경영학자)

성과지향성과 관련된 명언들에서 엿볼 수 있는 것은 성과를 지향하는 팀이 되기 위해서 구체적인 목표를 가지고 자신의 일에 집중하는 분위기를 만들어야 한다는 것이다.

재미있는 활동들을 팀원들과 함께해 봄으로써 성과지향능력을 키워보자.

■ 팀에 성과지향성을 불어넣는 실천 활동

    아래 개선 방향을 확인하면서 현업에서 쉽게 따라 할 수 있는 활동을 해봄으로써 팀에 동기부여가 커지는 것을 느껴보자.

개선 방향	추천하는 활동
우리 조직의 가치와 목표의식에 대한 생각을 나누고 공유해 보자.	〈이미지카드〉
다양한 아이디어가 발생하고 존중받을 수 있는 생산적인 환경을 만들어 주자.	〈아이디어 다다익선〉
간단한 문제는 바로바로 해결하고 넘어가는 업무 환경을 만들어 나가자.	〈해결사〉

추천 활동 1. 이미지 카드

이 활동은 이미지카드를 통해 이야기하기 어려웠던 부분도 좀 더 쉽게 이야기할 수 있는 게임이다. 이미지카드를 활용해서 가벼운 주제도 좋고 조직에 대한 가치를 논의해볼 수도 있다. 또한 팀원들의 생각을 좀 더 쉽게 알아보고 목적의식에 대해 함께 고민해볼 수 있다.

준비물 이미지카드(조별로 30장 이상), 전지, 접착제 또는 테이프, 마커

원활한 진행을 위한 TIP

다양한 사진으로 구성된 이미지카드가 있어야 한다. 그림이 많은 책이나 잡지 속에 있는 그림 등을 활용해도 좋다.

이 활동은 아이스브레이킹 수단으로도 좋다.

이미지카드를 가지고 2번 연속으로 진행해도 된다.

단계	순서	매뉴얼	시나리오	단계별 준비물	단계별 진행 TIP
준비	1	활동목적 및 진행방법을 간단히 설명한다.	"조별로 5명 정도씩 앉겠습니다. 오늘은 이미지카드를 가지고 좀 더 편안한 분위기에서 이야기해 봅시다." "이미지 카드를 나누어 드리겠습니다."	이미지 카드	
액션 진행	2	게임을 진행한다.	"5분간 시간을 드릴 테니 '오늘의 기분'(예시)을 나타내는 이미지를 각자 한 장씩 골라봅시다."	종이, 펜 전지, 접착제, 마커	화이트보드 같은 곳에 전지를 부착하여 전지 위에 이미지 카드를 붙이면 좋다.
	3	팀원들과 공유하는 시간을 준다.	"다 고르셨으면 조원들끼리 어떤 이유에서 골랐는지 토의해보도록 합시다."		
	4	조별로 2장씩 선정하여 모두와 공유하는 시간을 갖는다.	"우리 조에서 다 함께 공유하고 싶은 2가지 사진을 가지고 나와서 붙여주시길 바랍니다." 진행자는 사진에 대해 언급하면서 그 사진을 고른 사람에게 이유를 물어보면서 진행해나간다.		

마 무 리	5	모두 발표를 마 친 뒤에 활동의 의미를 설명한다.	"(예시) 우리들의 기분에 대 해 서로 이야기해 보았습니 다. 이미지를 통해 이야기하 면서 좀 더 수월하게 감정표 현을 할 수 있었는데요. 조 직이 하나로 나아가려면 많 은 소통이 필요합니다. 이미 지카드를 사용하면서 편안 하게 이야기하는 분위기를 만들어 갑시다."		

아이디어 다다익선

　이 활동은 무작위의 주제에 대해 조별로 최대한 많은 아이디어를 도출해내는 게임이다. 조별로 함께 생각해보면서 우리 팀이 함께 이루고자 하는 바를 생각해보는 시간을 갖는다. 훌륭한 아이디어를 말하기 쉬운 환경을 조성하여 조직의 목표에 대한 다양한 생각을 공유하는 분위기를 만들 수 있다.

　준비물 숫자가 적힌 종이(숫자를 적어 안 보이게 접는다), 종이, 펜

원활한 진행을 위한 TIP

　주제는 업무 외적인 것으로 한다.
　종이에 적힌 숫자는 20개 내외의 숫자를 무작위로 정한다.
　다른 팀과 팀 활동으로 이용해도 좋다. 팀 내에서 진행한다면 한 사람씩 아이디어를 내게 한다.

단계	순서	매뉴얼	시나리오	단계별 준비물	단계별 진행 TIP
준비	1	활동목적 및 진행방법을 간단히 설명한다.	"조별로 하나가 되어 어떤 주제에 대해 최대한 많은 생각을 해보는 시간을 갖도록 하겠습니다." (예시) "주제는 '사과를 가지고 할 수 있는 것'입니다. 먹는 것은 빼고 이야기해 봅시다."		주제는 진행자의 자유다.
액션 진행	2	게임을 진행한다.	"숫자 종이를 하나씩 뽑아주세요. 조별로 공에 적힌 숫자만큼의 새로운 아이디어를 적어주세요. 10분 드리겠습니다. 시작!"	숫자 적힌 종이	
	3	제한시간이 지나면, 발표하며 공유하고 점수를 매긴다.	"자, 발표를 진행하겠습니다. 점수를 매길 건데요. 뽑은 숫자보다 많은 아이디어를 말하면 플러스, 적게 나왔다면 마이너스로 하겠습니다." (예시) 10을 뽑은 경우, 12개의 아이디어가 나오면 +2점, 8개의 아이디어가 나오면 −2점을 부여한다.		
	4	진행자가 피드백을 한다.	"가장 높은 점수를 획득한 팀에게는 소정의 상품을 드리겠습니다."		

마 무 리	5	모두 발표를 마친 뒤에 활 동의 의미를 설 명한다.	"조별로 아이디어를 도출하는 일 이 쉽지만은 않습니다. 우리는 함께 고민해본 데에서 오늘 활동 의 의미를 찾을 수 있습니다. 업 무에 임할 때도 한마음으로 이 어 나아갑시다."		

해결사

이 활동은 정보를 교환하면서 서로가 느끼는 문제점에 대해 파악하고 해결해 나가는 방법을 찾을 수 있는 게임이다. 그 자리에서 바로 문제를 언급하고 해결하면서 구성원들의 목표의식을 고취할 수 있다. 다른 게임들보다 긴 시간이 소요되나 업무 생산성을 올릴 수 있는 좋은 방법이다.

준비물 인덱스카드(B5 크기의 종이 권장), 다양한 색깔의 펜, 간단한 상품

원활한 진행을 위한 TIP

가벼운 주제로 진행한다.

단계	순서	매뉴얼	시나리오	단계별 준비물	단계별 진행 TIP
준비	1	활동목적 및 진행 방법을 간단히 설명한다.	"조별로 나눠 앉고 오늘은 문제 하나를 바로 해결하고 넘어가는 시간을 갖겠습니다. 인덱스카드 몇 장씩 나누어 드리겠습니다."	인덱스 카드	

				인덱스 카드	가벼운 주제
액션 진행	2	인덱스카드에 작성할 시간을 준다.	"(예시) '우리나라 축구 대표팀의 문제'를 적어주세요. 개선이 필요하다고 생각하시는 것들을 적어주세요. 한 가지가 아니어도 좋습니다. 7분 드릴게요."	펜	로 진행한다.
	3	제한시간이 지나면 인덱스카드를 걷고 랜덤으로 나누어준다.	"인덱스카드를 모두 반납해주시길 바랍니다. 이제 랜덤으로 가져가도록 하겠습니다."	상품	
	4	조별활동을 진행한다.	"조별로 받은 인덱스카드 중 가장 문제라고 생각하는 것을 골라 조별로 토의합니다. 해결책을 찾아보시길 바랍니다. 시간은 10분 드리겠습니다."		
	5	돌아가며 발표를 한다.	"다른 조의 해결책을 듣고 어느 조 것이 제일 마음에 드는지 박수를 치도록 합니다. 가장 많은 박수를 받은 팀의 해결책을 채택하고 작은 상품을 드리겠습니다."		
마무리	6	모두 발표를 마친 뒤에 활동의 의미를 설명한다.	"문제점을 찾고 해결하는 과정에서 우리의 생산성을 높이는 방법에 대해 고민해 보았습니다. 업무 개선점을 찾아보면서 우리의 목표의식을 좀 더 고취해 봅시다."		

CHAPTER 6

웃음이 필요한 팀

우리는 과연 하루에 얼마나 웃을까? 오늘 회사에서 얼마나 자주 웃었는지 기억해보자. 어느 연구결과에 따르면 아기는 하루에 평균 300번을 웃지만 35살 이상 성인은 하루에 고작 15번을 웃는다고 한다. 또한 갤럽 조사에 따르면 주말보다는 주 중에 훨씬 덜 웃는다고 한다. 이러한 조사를 봐도 우리는 직장에서 적게 웃는다고 봐야 한다.

하버드, MIT, 런던비즈니스스쿨 등 유명 연구기관들은 직원들의 웃음이 회사에 여러 가지로 도움을 준다고 밝히고 있다. 웃음의 효과는 많은 연구결과에 나와 있듯이 스트레스와 지루함을 날리고 창의성과 협동심까지 증가시키는 효과가 있다는 것이다.

구성원이 많이 웃는 것이 조직의 창의성과 업무 협업에 도움이 된다니 우리 팀에도 웃음이 가득하도록 만들어 보자

■ 우리 팀 지금 이런 모습인가요?

– 팀에 냉랭한 분위기가 흐른다.

– 상급자의 안 웃기는 농담에도 어쩔 수 없이 웃는 척한다.

– 구성원 간 지속적인 웃는 분위기가 형성이 안 되어 있다.

– 구성원들의 웃음이 부족하고 업무적인 대화만 건조하게 주고받는다.

– 구성원들의 호응 또는 협조가 떨어진다.

위 모습들이 우리 팀에서 발견된다면 팀에 웃는 분위기 충전이 필요하다. 웃음이 많은 팀으로 변화하는 첫걸음은 구성원들의 보이지 않는 벽을 허무는 일이다. 구성원들이 서로 가볍게 웃고 스킨십할 수 있는 활동들을 꾸준히 추진해보면 좋다.

■ 웃음이 필요한 팀에게 들려주는 한 문장

함께 웃을 수 있다는 것은 함께 일할 수 있다는 것을 의미한다.

— 로버트 오벤(미국 작가)

우리 인생의 80%는 일하면서 보낸다. 우린 퇴근 후 재미를 찾으려 하는데, 왜 직장에서 재밌으면 안 되는가?

— 리처드 브랜슨(Virgin Company 회장)

일은 즐거워야 한다. 유머는 조직의 화합을 위한 촉매제이다.

— 허브 켈러허(Southwest Airlines Company 회장)

웃음과 관련된 명언들에서 엿볼 수 있는 것은 웃는 팀이 되기 위해서 즐거운 분위기 속에서 구성원들 스스로가 일을 즐기도록 만들어야 한다는 것이다. 재미있는 활동들을 팀원들과 함께해 봄으로써 즐거운 분위기를 만들어보자.

■ 팀에 웃음을 불어넣는 실천 활동

아래 개선 방향을 확인하면서 현업에서 쉽게 따라 할 수 있는 활동을 해봄으로써 팀에 웃음이 늘어나는 것을 느껴보자.

개선 방향	추천하는 활동
업무 연장선에서 벗어나 개인 간의 어색함을 최소화하자.	〈연지곤지〉
팀원 간의 친밀도를 좀 더 UP시켜 보자.	〈누굴까?〉
웃는 분위기를 지속적으로 유지시킬 수 있도록 만들자.	〈인간 알람시계〉

연지곤지

이 활동은 스티커를 팀원들의 얼굴이나 손등에 연지곤지 찍듯이 하는 간단한 활동이다. 문구점에서 쉽게 구입 가능한 다양한 모양(하트, 별 등)의 스티커만 있으면 할 수 있으니 꼭 한 번 해보자. 이 활동은 서로의 얼굴에 재미있게 붙어 있는 스티커를 보면서 어색한 분위기가 자연스럽게 해소되며, 화기애애해지는 효과가 있다. 서로 간의 어색한 분위기를 최소화하여 자연스러운 대화 분위기를 만드는 데 권장한다.

준비물 스티커(하트, 별 모양 등)

원활한 진행을 위한 TIP

스티커는 문구점에서 쉽게 구할 수 있는 것으로 하고 재미있는 모양일수록 좋다.

스티커의 개수는 2인 1조(10개) 정도면 적당하다.

'가위바위보'에서 이긴 사람이 붙여주기도 하고 진 사람이 오히려 붙여주기도 하면 더 재미있다.

단계	순서	매뉴얼	시나리오	단계별 준비물	단계별 진행 TIP
준비	1	활동목적 및 진행방법을 간단히 설명한다.	"2인 1조로 짝꿍을 정하세요. 짝꿍과 가볍게 인사하겠습니다."	스티커	
액션진행	2	가위바위보를 시작한다.	"짝꿍과 가위바위보를 할게요. 자! 가위-바위-보!" "이긴 사람 손 들어 보세요. 이긴 사람이 스티커 2개를 진 사람 얼굴에 붙여 주세요."	스티커	가위바위보 횟수는 최대 5회를 넘기지 않는 것이 좋다. 활동이 종료될 즈음 "1시간 후에 뗄 수 있습니다."라고 하면 활동 후에도 화기애애한 분위기가 지속되어 재미있다.
	3	~란 대답밖에 하지 못한다. (확인)	"붙여 주는 위치는 마음대로 입니다. 참고로 안경에 붙이면 하루 종일 일을 못 할 수 있습니다." "이제 만회의 기회를 가져보죠. 이번에 이긴 사람은 스티커 3개를 붙일 기회가 있습니다. 자, 가위바위보."		
	4	사회자는 시간을 재면서 모든 참가자가 경쟁할 수 있는 분위기를 만든다	"얼굴이 참 예뻐졌네요. 자, 가위바위보, 이번에는 진 사람 손 들어 보세요. 진 사람이 이긴 사람 얼굴에 스티커 4개입니다. 늘 인생은 계획대로 되진 않잖아요."		

마무리	5	모두 활동을 마친 뒤 의미를 부여한다.	작은 스티커 하나로도 이렇게 즐거워질 수 있습니다. 우리 함께 오늘 하루 즐겁게 시작해 봅시다.		

누굴까?

이 활동은 팀원들이 평소에 가진 버릇이나 습관들을 말없이 표현하여 누구를 소개하는지 맞춰보는 활동이다.

준비물 종이, 펜, 두 개의 빈 통(선택사항)

원활한 진행을 위한 TIP

참여자들이 이해를 못 한 경우에 예시를 들어주면 좋다.
빈 통 대신에 바구니 또는 접시도 상관없다.

단계	순서	매뉴얼	시나리오	단계별 준비물	단계별 진행 TIP
준비	1	활동을 간단히 설명한다.	"오늘은 말없이 동작으로만 팀원을 설명하여 맞춰보는 활동을 해보겠습니다. 둥글게 앉아주세요."		참석자 이름과 미션이 적힌 종이를 미리 만들어 둔다.

액션진행	2	활동방법을 설명한다.	"이 활동은 평소에 팀원들의 습관, 행동 등을 말없이 따라하여 나머지 사람들이 맞춰보는 활동입니다." "(예시) 지금 책상 가운데에는 두 개의 통이 있습니다. 하나는 팀원들의 이름이 적힌 통이고, 나머지 하나는 미션이 적혀있는 종이입니다." "먼저 제 오른쪽에 앉아 있는 분부터 나와서 쪽지를 열어서 자신이 흉내 낼 사람의 이름을 확인하고 미션이 적힌 통에서 하나를 뽑아 미션을 확인합니다." "예를 들면 '홍길동 사원'을 뽑고 미션으로 '평소 습관'을 뽑으면 그대로 홍길동 사원의 평소 습관인 말할 때 자주 코를 만진다는 등의 흉내를 내주시면 됩니다. 단, 이때 말을 해서는 안 됩니다."	팀원 이름이 적힌 쪽지, 통 두 개	통이 없으면 그냥 쪽지를 접은 채 테이블에 따로 놓아둔다. 미션 종이에 '말투 따라 하기' 등을 추가해도 좋다. 이 미션을 할 때만 말을 할 수 있도록 규칙을 추가한다. 미션은 표정이 듬뿍 담긴 것이 좋다.
	3	한 명씩 나와서 두 통에 담긴 쪽지를 하나씩 뽑게 한다.	"자, 이제 한 분씩 나와서 활동을 시작하겠습니다."		

| 마무리 | 4 | 모두 활동을 마친 뒤 의미를 부여한다. | "활동을 하니까, 어떤 분은 그 사원에 대해 잘 몰라서 표현을 잘 못 하신 분도 있고 어떤 분은 너무 잘 따라 해서 흡사 쌍둥이를 보는 듯한 분도 있었습니다. 이런 유쾌한 분위기 속에서 잠시나마 스트레스를 잊는 시간이었습니다. 감사합니다." | | |

알람시계

이 활동은 팀원 중에 한 사람에게 하루 동안 '인간 알람시계' 역할을 하게 하여 즐거운 팀 분위기를 하루 종일 유지하게 하는 효과가 있다.

준비물 착용하면 화기애애한 분위기를 만들 수 있는 소품(예, 고깔모자, 우스꽝스러운 선글라스 등)

원활한 진행을 위한 TIP

오전에 한 사람, 오후에 한 사람씩 이렇게 운영해도 좋다.
알람시계를 수행한 사람에게는 작은 선물을 줘도 좋다.
회식이 있는 날에 하면 더욱 좋다. 예를 들어 "회식 시간 3시간 전!"이라고 말하면 어떨까?
알람시계 역할을 할 사람은 외근이 잦은 사람은 최대한 배제하여 정한다.

단계	순서	매뉴얼	시나리오	단계별 준비물	단계별 진행 TIP
준비	1	활동목적을 간단히 설명한다.	"오늘 저녁에 다들 알겠지만 회식입니다. 회식을 기다리는 기분을 살리기 위해서 인간 알람시계 활동을 해보죠."		
액션진행	2	룰을 잘 설명한다.	"알람시계의 역할은 간단합니다. 예를 들어 오전 10시, 오전 11시, 오후 12시 등등 이렇게 매 정각이 되면 알람시계 역할을 맡은 분은 자리에서 일어나서 이 고깔모자를 착용하고 크게 시간을 말하는 것입니다." "예를 들어, 오전 11시가 되면 고깔모자를 착용하고 '11시! 회식시간 5시간 전입니다!' 하고 알리는 겁니다." "알람시계는 오전에 1명, 오후에 1명씩으로 정하기로 하죠. 그리고 두 명의 알람시계님들은 저녁 회식 때 메뉴를 선택할 수 있는 권한을 드리겠습니다." "알람시계는 가위바위보로 결정하죠."	알람시계님이 착용할 소품	알람시계님이 착용할 소품은 분위기를 띄울 수 있는 것이면 무엇이든 좋다.
	3	알람시계가 된 사람에게 연습을 해보게 한다.	"홍길동 대리님과 이순신 과장님이 오전과 오후 알람시계를 해주시겠습니다. 자 연습 한 번 듣고 큰 박수 쳐주세요."		

마 무 리	4	알람시계를 맡은 사람에게 다시 한 번 꼭 미션을 지켜달라고 당부한다.	"회식 시간이 기다려지는 흥미진진한 하루를 시작해 봅시다."		

CHAPTER 7

공감이 필요한 팀

공감이란 자신의 감정과 다른 사람의 감정 상태를 파악하고 상대방의 마음을 이해하는 것이다. 따라서 공감은 팀원 간에 긍정적인 상호작용이 가능하게 한다. 공감이 잘되는 팀은 서로의 입장과 고충을 먼저 생각하고, 자발적으로 도와주고 협력하는 모습을 보인다. 공감이 잘 되는 팀은 자연스럽게 업무 정보 공유와 협업이 이뤄지는 것이다.

조직에서 공감이 잘되면 구성원 간에 서로 연결된 느낌이 들고, 나보다는 우리 전체가 잘 되기를 바라는 마음이 생긴다. 이러한 마음이 생기면 당연히 업무 협조도 순조롭게 이뤄진다. 자, 그럼 공감을 팀에 주입시키기 위해서는 어떻게 해야 할까? 공감은 상대방의 마음을 헤아려 주는 노력에서부터 시작한다. 그러나 상대의 마음을 이해하려고 노력하는 것은 말처럼 쉽지는 않다. 팀원끼리 업무 상황에서 반복적으로 상대의 마음을 같이 느끼려고 애쓰는 습관이 정착되어야 한다.

■ 우리 팀 지금 이런 모습인가요?

- 조직 몰입도가 낮다.
- 같은 회의를 했는데도 서로 전혀 다른 판단을 내린다.
- 상대의 의중을 잘 파악하지 못한다.
- 서로의 생활에 관심이 없다.
- 갈등이 빈번하게 발생한다.
- 갈등을 회피하려고 한다.
- 자신의 기준만을 고수하려 하고 남들이 이야기해도 듣지를 않는다.
- 조직보다는 자신의 이익을 우선시한다.

위 모습들이 우리 팀에서 발견된다면 상호 공감을 할 수 있게끔 기회를 제공할 필요가 있다. 또한 공감력 향상이라는 것은 습관화가 필요한 것이기 때문에 장기적인 계획을 가지고 반복적으로 추진할 필요가 있다. 서로 공감을 잘하는 팀을 만드는 첫걸음은 상대에 대한 이해로부터 시작한다.

■ 공감이 필요한 팀에게 들려주는 한 문장

이해하려고 노력하는 행동이 미덕의 첫 단계이자 유일한 기본이다.

– 베네딕토 스피노자(네덜란드 철학자)

나는 인간의 행동을 비웃거나 그들에게 탄식하거나, 그들을 증오하는
것이 아니라 그들을 이해하기 위해 노력해왔다.

– 베네딕토 스피노자(네덜란드 철학자)

형제의 배가 항구에 도착하도록 도와줘라. 그리고 살펴보라. 그러면
당신의 배도 무사히 항구에 도착해 있다는 사실을 알게 될 것이다.

– 힌두교 속담

공감과 관련된 명언들에서 엿볼 수 있는 것은 공감하는 팀이 되기
위해서 서로의 입장을 생각하며 구성원들끼리 이해하는 분위기를 만
들어야 한다는 것이다. 재미있는 활동들을 팀원들과 함께해 봄으로써
공감능력을 키워보자.

■ 팀에 공감을 불어 넣는 실천 활동

아래 개선 방향을 확인하면서 현업에서 쉽게 따라 할 수 있는 활동을 해봄으로써 팀 공감력을 향상시켜 보자

개선 방향	추천하는 활동
서로의 하루에 대해 알려고 노력해보자. 나아가 일상을 교류하며 관심사를 공유해보자.	〈나의 하루 이미지〉
자신에 대해 말해보면서 업무 외적인 것도 공유하고 동료들에게 새로운 면을 보여주자.	〈그땐 그랬지〉
서로의 상황을 이해하고 고객 지향적으로 행동해보는 체험을 하자.	〈잘 그려봐〉

나의 하루 이미지

이 활동은 팀원 개개인의 하루(아침, 점심, 저녁) 일상을 선택한 이미지를 빗대어 말해보고 질문도 받아보는 활동이다. 이미지를 보면서 동료의 감정 상태, 말하고자 하는 의도를 더욱 명확하게 공감하는 경험이 이뤄지는 활동이다. 이를 통해 공감의 중요성을 깨닫는 효과가 있다.

준비물 사진 또는 이미지(크기는 B5 정도) 카드(필요한 이미지 수는 1인 약 10장 정도면 충분하다. 예를 들어 3명이 이 활동을 하고자 한다면 30여 장의 카드를 준비)

원활한 진행을 위한 TIP

이미지 카드는 다양한 그림으로 구성하면 좋다. 예를 들어 희, 노, 애, 락을 담을 수 있는 다양한 이미지들을 준비한다.
이미지 카드를 손쉽게 준비하는 방법은 철 지난 잡지에서 발췌하는 법이다.

단계	순서	매뉴얼	시나리오	단계별 준비물	단계별 진행 TIP
준비	1	활동목적 및 진행방법을 간단히 설명한다.	"이미지 카드를 책상에 펼쳐 주세요. 이미지들을 1인 3장 선택하는 겁니다."	이미지 카드	
액션진행	2	이미지 카드 뽑는 기준을 설명한다.	"한 사람당 3장씩 뽑는 겁니다. 나의 하루를 아침-점심-저녁 시간대로 나눠서 각 시간대를 표현하고 있는 이미지를 골라봅니다." "나의 아침은 어떤 이미지로 빗대어 설명할 수 있을까요? 나의 오후 시간대 그리고 저녁 시간대는 어떻게 이미지로 투영시킬 수 있을까요? 자 골라봅시다."		이미지 카드를 공유할 때 모두 잘 보일 수 있게 화이트보드나 전지에 부착하여 공유하면 좋다.
	3	이미지 선택 후 서로 공유하는 방법을 설명해준다.	"모두 골랐으면 한 사람씩 모두에게 3장을 고른 이유에 대해서 말해주는 겁니다."		
마무리	4	모두 공유한 후 마무리를 한다.	"서로의 일상과 기분에 대해 좀 더 선명하게 이해를 하게 된 것 같습니다. 서로 이해해주고 공감해주면서 파이팅 합시다."		

그땐 그랬지

이 활동은 동전에 적혀있는 연도에 무엇을 했는지 말해보는 게임이다. 보다 친밀하게 동료들을 알아갈 수 있으며 몰랐던 점들을 공유하는 시간이 될 것이다. 새로 생긴 팀이나 원래 있던 팀이라도 화기애애한 분위기를 만드는 데 효과적이다.

준비물 동전(되도록 연도별로 준비한다), 종이

원활한 진행을 위한 TIP

특별한 일이 없다면 어디에 살았는지, 어떤 일을 했는지 예시를 들어준다. 회의 전에 아이스브레이킹 용도로 활용할 수도 있다.

단계	순서	매뉴얼	시나리오	단계별 준비물	단계별 진행 TIP
준비	1	활동목적 및 진행방법을 간단히 설명한다.	"조별로 4명씩 나누어 앉겠습니다. 동전을 하나씩 나누어 드리겠습니다. 동전에 적혀있는 연도에 있었던 일 중 하나를 말해보는 시간을 갖겠습니다."	동전	참석자 수는 탄력적으로 해도 무방하다.

	2	활동을 진행한다.	"무슨 일이 있었는지 작성할 시간을 잠시 드리겠습니다. 자신이 받은 동전의 연도에 있었던 일 한 가지를 작성하고 옆사람에게 넘기겠습니다."		
액션진행	3	조별로 활동을 진행한다.	"자, 시간이 다 되었습니다! 조원들끼리 이야기를 나누어 보는 시간을 갖겠습니다."		
	4	조별 발표를 진행한다.	"조별로 발표시간을 갖겠습니다."		
마무리	5	모두 발표를 마친 뒤에 활동의 의미를 설명한다.	"연도마다 회사에 계셨던 분도 있고 아니셨던 분도 있죠. 서로에 대해 업무 외의 사실들을 알아가면서 친목을 다지는 시간이 되었길 바랍니다. 서로에게 관심을 갖는 팀원이 됩시다."		

한 명씩 쓰고 옆으로 넘긴다.	
1992년도에는	1998년 도에는
1. 2. 3. 4.	1. 2. 3. 4.

잘 그려봐

이 활동은 상대의 입장이 되어 상대 업무의 중요성을 체득하는 활동이다. 안대를 착용하고 미션을 수행하면서 서로의 상황을 이해하고 고객 지향적으로 행동하는 것의 어려움과 중요성을 이해하게 된다.

준비물 안대, 안대 양식지, 펜

원활한 진행을 위한 TIP

안대 양식지는 꼭 정해진 양식을 사용할 필요는 없다. 다만 따라 그리기 쉬운 도형의 조합이면 좋다.
안대가 없을 때는 두 눈을 가릴 수 있는 것이면 무엇이든 좋다.

단계	순서	매뉴얼	시나리오	단계별 준비물	단계별 진행 TIP
준비	1	활동목적 및 진행방법을 간단히 설명한다.	"2명씩 짝을 이루겠습니다. 서로의 기분을 이해할 수 있는 안대게임을 진행하겠습니다. 2분당 1개씩 안대를 드리겠습니다."	안대	

액션진행	2	활동을 진행한다.	"노래가 끝날 때까지 양식지에 있는 선을 따라서 안대 쓰신 분들은 그려주시면 됩니다. 옆에 짝꿍께서 제대로 그릴 수 있도록 말로만 도움을 주시면 됩니다. 급하다고 안대 안 쓰신 분이 펜을 잡으시면 안 됩니다."		노래를 틀어주면 분위기가 부드러워진다. 진행자는 활동하는 사람들의 말들을 메모해뒀다가 메모한 내용들을 게임 종료 후 언급해준다.
	3	제한시간이 지나면 역할을 바꿔 진행한다.	"자, 시간이 다 되었습니다! 바꿔서 진행하겠습니다."		
	4	활동의 의미를 공유해본다.	"제일 잘 그린 조의 양식지를 한번 살펴보겠습니다. 나와서 조별로 한 장씩 붙여주세요. 잘 그린 조의 비결은 뭘까요? 진행하시면서 느꼈던 점을 공유해보도록 하겠습니다."		
마무리	5	모두 발표를 마친 뒤에 활동의 의미를 설명한다.	"안대를 쓰고 서로 어떤 기분을 느끼셨나요? 처음 진행했을 때보다 서로 역할을 바꿔서 진행했을 때 훨씬 부드러워지고 서로 감정표현이 잘 되는 과정을 보았습니다. 먼저 안대를 써봤기 때문이죠. 업무에서도 서로의 이런 마음을 이해하고 임해봅시다."		

CHAPTER 8

협업이 필요한 팀

'협업'이란 말을 비즈니스 현장에서 쉽게 듣는다.

"팀 간 협업을 강화해야 한다", "기관과의 협업을 통해 고객 만족을 하자" 등등 조직 내에서 협업을 강조하고 있다. 협업이 잘 되는 팀을 만들기 위해서 먼저 생각해야 할 것은 동료 간의 명확한 업무의 공유이다. 현재 내가 어떤 일을 어느 정도의 업무 강도에서 진해하고 있는지, 그리고 협업을 같이할 수 있는 동료는 또 어느 정도 업무 강도로 어떤 일을 추진하고 있는지를 많이 알수록 협업 성공은 커지게 된다.

우선, 협업을 잘하는 팀으로 이끌기 위해서 팀원 개개인의 업무 상황을 자연스럽게 이야기하는 자리를 마련해보길 권한다. 또한 협업 대상자들 간의 공감대 형성도 꾸준하게 추진할 필요가 있다.

■ 우리 팀 지금 이런 모습인가요?

- 조직 간 소통이 없고 일의 효율성이 떨어진다.
- 조직 간 정보 공유가 되지 않는다.
- 조직 간 이기주의가 팽배하다.
- 작업량에 비해 성과가 좋지 않다.
- 생산적인 경쟁이 이루어지지 않고 있다.

위 모습들이 지금 우리 팀을 보는 것 같다면 협업하는 팀으로의 변신이 필요한 시점이다. 협업을 팀 문화에 정착시키기 위해서는 어느 정도의 시간이 필요하다. 개인이나 팀의 업무 상황을 협업할 개인 또는 팀이 최대한 알게끔 해야 한다. 또한 협업 프로젝트를 추진하는 구성원 간의 관계도 관리될 필요가 있다.

서로의 장점들을 최대한 공유하면서 공동의 목표를 향해 나아가는 모습이 협업 능력이 강한 팀의 모습이다.

내 성공의 10%는 비할 데 없이 왕성한 개인의 진취적 태도에 의한 것이고, 나머지 90%는 모두 강력한 나의 팀에 의한 것이다.

– 잭 웰치(General Electric Company 前 회장)

팀워크는 공통된 비전을 향해 함께 일하는 능력이다. 조직의 목표를 향해 개인이 성과를 내도록 지휘하는 능력이다. 평범한 사람들이 비범한 결과를 이루도록 만들어내는 에너지원이다.

– 앤드류 카네기(미국 자본가)

직원들이 보다 큰 범위의 작업 프로세스를 의식하지 않고, 자신의 업무 목표에만 집중하는 조직은 붕괴하기 쉽다.

– 허버트 사이몬(미국 사회과학자, 경영학자)

협업과 관련된 명언들에서 엿볼 수 있는 것은 협업하는 팀이 되려면 공통된 목표를 이루려는 의식 아래 구성원들 스스로가 목표에 집중하는 분위기를 만들어야 한다는 것이다. 재미있는 활동들을 팀원들과 함께해 봄으로써 협업능력을 키워보자.

■ 팀에 협업을 불어넣는 실천 활동

아래 개선 방향을 확인하면서 현업에서 쉽게 따라 할 수 있는 활동을 해봄으로써 협업 능력이 커지는 팀으로 만들어 보자.

개선 방향	추천하는 활동
내 업무 상황을 동료들과 공유해보자.	〈업무 신호등〉
상대방의 입장에서 내게 해줄 수 있는 것들을 생각해 보자.	〈내가 그 사람이라면〉
구체적인 협업 대상 및 협업을 위한 실천 아이디어를 공유해 보자.	〈만다라트〉

　업무 신호등

이 활동은 개인이 실제 하고 있는 업무에 대한 상황을 신호등의 3가지 색깔(빨강, 노랑, 파랑)로 표현해보는 게임이다. 이 활동을 통해서 협업을 시도해야 할 필요성을 서로 체험하게 된다.

준비물　모조전지 또는 화이트보드, 포스트잇 3가지 색깔(빨강, 노랑, 파랑), 펜

원활한 진행을 위한 TIP

색깔별로 포스트잇이 없어도 크게 문제 되지는 않는다.
포스트잇을 모두 붙여서 공유할 표를 미리 만들어 두면 좋다.

단계	순서	매뉴얼	시나리오	단계별 준비물	단계별 진행 TIP
준비	1	활동목적 및 진행방법을 간단히 설명한다.	"나눠드린 3가지 색깔 포스트잇에 현재 내가 하고 있는 일들에 대해서 색깔의 의미대로 구분해서 적어보는 겁니다. 빨간 포스트잇에는 지금 아주 버겁다고 느끼고 있는 일을 구체적으로 적어 보는 겁니다. 노란 포스트잇에는 어느 정도 하고 있지만 도움이 있다면 더 쉽게 할 수 있을 것 같은 일을 적습니다. 그리고 파란 포스트잇에는 지금 술술 잘 풀리고 있는 일에 대해서 적는 겁니다."		포스트잇에 적는 내용은 구체적으로 적어야 한다고 강조한다.
액션진행	2	내 업무를 색깔별로 포스트잇에 적어 본다.	"자 시간은 10분 드리겠습니다. 각자 생각한 후 적어봅시다." "3가지를 모두 적은 분은 화이트보드에 붙여 주시면 됩니다."		발표할 때 그 내용에 대해서 구체적인 질문이나 도움을 요청하는 포인트를 정확하게 물어보면 좋다.
	3	다 적은 후 서로 발표하면서 공유해본다. 서로 질문을 해본다.	"자 모두 수고하셨습니다. 이제 각자 자신이 작성한 내용을 발표해주세요."		

마 무 리	4	의미를 정리해 준다.	"하루하루 바쁘게 지내다 보 면 서로 어떤 애로점이 있는 지 감 정도로만 알고 넘어가 게 됩니다. 오늘 서로의 업무 정도를 공유하게 되었는데요, 쉬는 시간에 방금 한 내용을 토대로 각자 서로 도움을 주 고받을 수 있는 구체적인 방 법들을 더 이야기 나누면 좋 겠습니다."		

내가 그 사람이라면

이 활동은 상대방의 입장에서 내게 해줄 수 있는 것들을 생각해보
는 게임이다. 제시한 표에 협업 대상자 또는 대상 조직을 기입하고 그
사람의 입장에서 아이디어를 공유해보는 것이다.

준비물 주사위(주사위 앱을 사용해도 좋다), 협업 대상자(조직)가 표시
된 시트

원활한 진행을 위한 TIP

협업 대상자(조직)가 표시된 시트를 미리 만들어 둔다.

단계	순서	매뉴얼	시나리오	단계별 준비물	단계별 진행 TIP
준비	1	활동목적 및 진행방법을 간단히 설명한다.	"한 사람이 주사위를 2번 던져서 결정된 협업 대상자(조직)에 대해서 '내가 그 사람(조직)이라면'이라는 관점에서 이야기를 해보는 겁니다."	주사위, 협업 대상자 시트	

액션진행	2	활동을 진행한다.	"자, 홍길동 과장님부터 시작해보죠. 과장님 주사위를 2번 던져 주세요. 1과 3이 나왔네요. 그럼 가로 1, 세로 3이 되니까 이 아무개 과장으로 결정된 겁니다. 이 아무개 과장의 입장이라면 홍길동 과장님에게 무엇을 도움받을 수 있을까요?" "이번에는 김 팀장님이 하겠습니다~."		
마무리	3	모두 발표를 마친 뒤에 활동의 의미를 설명한다.	"협업 거리를 찾기 위해서는 나 중심보다는 상대 입장에서 보는 것이 중요합니다. 고객 지향 마인드라고 보면 쉽겠네요. 아까 이야기 나눈 것을 토대로 현업에서 적용해보면 더욱 좋을 것 같습니다."		

	1	2	3	4	5	6
1	홍%!	이&&	박&*	김%^	오*^	최$#
2	이$#	김%#	왕^^	우&%	이*!	송%%
3	이&%	김*^	문(&	김*(	윤%@	정%*
4	홍^#	박@#	박&%	민&&	채^^	최*%
5	최*^	정()	홍&%	왕#$	이%#	윤&^
6	정&^	최%%	김##	문^*	송*^	우@

만다라트

이 활동은 아이디어 도출 방법 중 하나인 만다라트(Man dal-art, 일본 디자이너 이마이즈미 히로아키가 개발한 발상기법) 기법을 협업 방향이나 협업 실천 과제 등을 도출하는 데 응용해보는 것이다. 일반적인 만다라트 방법을 그대로 유지하면서 논의되는 주제만 협업을 위해 필요한 것으로 해서 실시해보자.

준비물 만다라트 시트

원활한 진행을 위한 TIP

만다라트 시트를 미리 만들어 둔다.
개인별로 하거나 팀 전체가 하나의 시트에 해도 좋다.

단계	순서	매뉴얼	시나리오	단계별 준비물	단계별 진행 TIP
준비	1	활동목적 및 진행방법을 간단히 설명한다.	"만다라트라는 아이디어 발상 기법을 설명해 드리겠습니다. 정 사각형 한가운데에 우리 팀이 추진하고 있는 즐거운 회사 만들기 프로젝트를 적었습니다. 그리고 이 프로젝트가 원활하게 잘 이뤄지는 데 필요한 것을 주위 8개의 사각형에 적는 겁니다. 그리고 다시 같은 방법으로 확산시켜 나가는 겁니다."	만다라트 시트	만다라트 실시 이해를 높이기 위해서 예를 들어 한 번 해보는 것도 좋다.
액션 진행	2	만다라트를 실시한다.	"한가운데에 쓰여 있는 '즐거운 회사 만들기'가 잘 되기 위해서 필요한 것을 주위 8개에 적어 봅시다." "그리고 다시 주변으로 확산시켜서 적어 봅시다." "우측 상단에 '체육대회'라고 적혀있네요. 그럼 체육대회를 추진하기 위해서 사내 또는 사외에 협업이 필요한 사람 또는 조직이 무엇이 있을까요?" "좌측 하단에는 '즐거운 회사 벤치마킹'이라고 있네요. 벤치마킹 자료를 얻기 위해서는 누구 또는 어느 조직과 협업을 시도해야 할까요?"		

마무리	3	만다라트 내용에 대해 모두의 견 공유를 마친 뒤에 의미를 설명한다.	"협업이 왜 안 되느냐며 스트레스를 받기 전에 우리가 주도적으로 협업을 연결하고 진행하면 좋을 것 같습니다. 작은 것 하나부터 실천하다 보면 협업이 좀 더 잘 되는 우리가 될 것으로 확신합니다."		만다라트 후에 구체적인 실행 계획에 관해서 이야기를 나눠보자.

CHAPTER 9

변화에 적극성이 필요한 팀

사무실 레이아웃 변경 같은 작은 변화만으로도 어떤 사람은 큰 불안감을 느낀다. 그래서 조직 전체에서 강조하는 변화와 혁신이라는 단어는 구성원 개개인에게는 엄청나게 큰 압박으로 다가올 수 있다. 그러나 조직은 변화를 멈추는 순간 고객의 선택에서 멀어지게 된다. 고객이 찾지 않는다는 것은 조직 영속성이 어렵게 된다는 뜻이다. 즉, 조직은 변화를 즐겨야 살아남는 시대인 것이다.

이런 상황 속에서 팀원들이 다양한 변화 상황을 능동적으로 받아들이게 하려면 어떻게 해야 할까? 다이나믹한 변화를 자주 접하고 주도적인 변화 체험해 봄으로써 해결할 수 있다.

■ 우리 팀 지금 이런 모습인가요?

– 조직 내에 긴장감이 없다.

– 강력한 변화를 이끌 주체가 없다.

– 조직의 비전이 불명확하다.

– 구성원끼리 변화에 대해 언급하지 않는다.

– 구성원들의 업무와 관련한 도전의식이 떨어진다.

– 늘 해왔던 일상에서 변화를 주는 것에 적극적이지 않다.

– 새로운 제도의 시행이나 제도 변경 상황에서 어수선함과 불만이
　점점 커지고 오래간다.

위 모습들이 지금 우리 팀을 보는 것 같다면 변화에 적극적인 팀으로의 변신이 필요한 시점이다. 대게 팀원 개개인 입장에서는 조직이 원하는 변화의 모습을 인지하고는 있다. 그러나 실제 개인 입장에서 변화를 위한 작은 실천 하나를 시작하기란 어려운 일이다. 이런 상황을 팀 리더는 간파할 필요가 있다. 즉, 개인의 성향이 주도성이 강하다면 변화에 대해서 긍정적으로 반응하고 협력을 하지만, 안정 지향적 성향이 강한 팀원은 변화 필요성은 알고 있지만 실천으로 옮기기까지는 도움이 필요하다.

이렇듯 다양한 성향의 팀원들을 하나로 모아서 변화에 적극적인 팀으로 바꾸는 데는 시간이 걸릴 수밖에 없다. 우선, 팀원들 개인의 미래 비전에 대해 서로 공유하게끔 하는 것부터 시작해보자. 누구나 희망적인 자신의 미래 모습을 기대하고 있으니 그 꿈부터 실현해야 한다는 것을 일깨우는 것이다. 그리고 실제 변화가 시작되었을 때의 상황에 익숙하게끔 한다. 그리고 낯선 상황이라도 적극적인 대응 자세라면 좋은 결과를 얻을 수 있다는 것을 체험시키면 변화 앞에 적극성이 커지는 팀원들로 변화할 수 있을 것이다.

■ 변화에 적극성이 필요한 팀에게 들려주는 한 문장

혁신의 담당자가 되기 위해서는 조직 전체의 자세를 바꾸는 것이 그 핵심이다. 전원이 변화를 위협이 아닌 기회로 삼아야 한다.

– 피터 드러커(미국 경영학자)

사람들은 '혁신'이 창의적인 아이디어를 갖는 것으로 생각한다. 그러나 혁신은 빨리 움직이고, 많은 것을 시도해보는 것이다.

– 마크 저커버그(Facebook 창업주)

성장의 기반은 변화다. 자신의 가점을 발휘할 수 있는 성장 분야를 찾아내어 더 이상 성과를 기대할 수 없는 분야로부터 자원을 빼내 기회가 있는 곳으로 옮길 필요가 있다.

– 피터 드러커(미국 경영학자)

변화와 관련된 명언들에서 엿볼 수 있는 것은 변화에 적극성을 갖는 팀이 되기 위해 먼저 관리자의 자세를 능동적으로 바꾸고 번뜩이는 아이디어를 생각해 내는 것이다. 재미있는 활동들을 팀원들과 함께해 봄으로써 변화의 적극성을 키워보자.

■ 팀의 변화에 적극성을 불어넣는 실천 활동

  아래 개선 방향을 확인하면서 현업에서 쉽게 따라 할 수 있는 활동을 해봄으로써 변화 앞에 적극적인 우리 팀이 되어가는 모습을 만나보자.

개선 방향	추천하는 활동
1년 후 이미지 그려서 팀 내 붙이고 서로 격려해보자.	〈After 1 year〉
평소 사용하지 않는 손으로 그림을 그려본 후 그에 대한 느낌을 말해본다.	〈양손으로 그리기〉
팀을 위해 즉시 실천해야 하는 개인 임무를 수행해 본다.	〈들이대기〉

After 1 year

이 활동은 개인이 꿈꾸는 1년 후 모습을 이미지로 그려보게 하는 것이다. 머지않은 미래 모습을 팀원들과 공유하면서 자연스럽게 변화 필요성을 인식하게 된다.

준비물 A4 종이(참석자 1인 1장), 펜(다양한 색깔을 준비하면 더 좋다.)

원활한 진행을 위한 TIP

A4 종이에 국한하지 말고 개인 꿈을 그릴 수 있는 종이 크기면 된다. 다양한 색의 필기구(색연필 등)를 준비하면 좋다.

단계	순서	매뉴얼	시나리오	단계별 준비물	단계별 진행 TIP
준비	1	활동목적 및 진행방법을 간단히 설명한다.	"오늘이 며칠이죠? 지금부터 딱 1년 후 여러분들이 기대하는 여러분 개인의 모습을 종이에 그려보는 겁니다."	종이, 필기구	

액션진행	2	활동을 진행한다.	"시간은 10분 드리겠습니다. 오늘부터 딱 1년 후 여러분은 어떤 모습, 어떤 기분, 누구와 어떤 장소에 있고 싶은지 한 번 떠올려보세요." "남태평양 휴양지에 있고 싶을 수도 있고, 회사에서 즐겁게 어떤 프로젝트를 열심히 하는 모습일 수도 있겠죠." "자, 모두 다 완성된 것 같으니, 이제 그린 것들을 공유해 봅시다."		
마무리	3	모두 발표를 마친 뒤에 활동의 의미를 설명한다.	"모두들 짧은 1년이라는 시간이라도 하고 싶고 되고 싶은 내용이 많군요. 미래 모습이 현실이 되기 위해서 우리는 오늘 당장 무엇을 해야 할까요? 즉시 하나라도 실천하는 습관이 필요할 것 같습니다. 수고 많았습니다."		1년 후 모습을 그린 이미지들을 팀 내에 부착하여 공유하는 것도 좋다.

양손으로 그리기

이 활동은 평소 사용하지 않는 손으로 그림을 그려본 후 느낌을 말해보는 것이다. 익숙하지 않은 행동을 직접 해보면서 받은 느낌을 팀원들과 공유하면서 자연스럽게 변화 상황을 인식하게 된다.

준비물 A4 종이(참석자 1인 1장), 펜

원활한 진행을 위한 TIP

2인 1개 조가 좋지만 짝이 맞지 않을 때는 3인 1개 조로 진행해도 된다. 그림을 그리는 데 중점을 두기보다는 활동을 참여하는 데 의의를 둔다. 그림을 그리지 않는 참가자는 문장을 쓰게끔 유도한다.

단계	순서	매뉴얼	시나리오	단계별 준비물	단계별 진행 TIP
준비	1	활동목적 및 진행방법을 간단히 설명한다.	"오늘은 요즘 우리가 겪고 있는 변화에 대해 어떤 마음가짐을 가져야 하는지 느껴보는 시간을 갖겠습니다."		활동 목적을 진지하게 이야기할 필요는 없다.

액션 진행	2	참가자들에게 종이를 나누어 주고, 5분의 작 성시간을 준다.	"서로 짝을 지어 주세요. 그리 고 모두 눈앞에 있는 종이를 반으로 접고 왼편에 자신의 짝꿍 얼굴을 그립니다. 단, 이 때 자신이 평소에 쓰지 않는 손으로 그림을 5분 동안 그려 봅니다." "자 시간이 되었습니다. 이제 나머진 오른편에는 자신이 자 주 쓰는 손으로 짝꿍의 얼굴을 그려봅니다." "시간이 다 되었습니다! 그럼 양옆에 계신 분들끼리 왼손과 오른손을 쓸 때 어떤 느낌이었 는지 공유하는 시간을 갖겠습 니다."	종이, 펜	그림이 완성 이 안 되어도 펜을 놓고 앞 을 바라보게 한다.
마 무 리	3	모두 발표를 마친 뒤에 활 동의 의미를 설 명한다.	"모두들 앞을 봐주세요. 평소 쓰지 않는 손을 사용해서 그림 을 그리면서 어떤 생각을 하셨 습니까? 많이 불편하고 당황스 러웠을 겁니다. 그리고 어떤 생 각을 가지고 어떻게 대처하셨 습니까? 그리고 처음 그림을 그릴 때와 우리가 직면해 있는 이 상황을 어떤 점이 다르고 같을까요? 여러분이 아까 느꼈 던 느낌과 떠오른 생각들을 지 금의 상황에 잘 적용해 보시길 바랍니다."		

들이대기

이 활동은 팀을 위해 즉시 실천해야 하는 개인 임무를 수행해 보는 것이다. 임무 수행 종이에 적힌 내용을 팀을 위해 완수해보는 과정을 통해서 나의 적극적인 변화 수용과 실천이 팀을 위해서 얼마나 중요한지를 일깨우게 된다.

준비물 임무 미션지(1인당 1장 미리 적어서 준비해 둔다), 펜(1인 1개), 우승 조 선물

원활한 진행을 위한 TIP

명함 사이즈 종이에 임무 미션을 다양하게 적어서 미리 만들어 둔다(1인 1장).

미션 수행 내용은 재미있으면서도 장소와 시간 내에서 완수 가능한 것들로 한다.

미션 수행 중에는 빠른 템포의 배경 음악을 곁들이면 좋다.

동기부여를 위해 선물을 준비하면 좋다.

단계	순서	매뉴얼	시나리오	단계별 준비물	단계별 진행 TIP
준비	1	활동목적 및 진행방법을 간단히 설명한다.	"자, 3명씩 조를 만들어 봅니다. 이번 활동 우승 조에게는 선물을 드리도록 하겠습니다. 임무 수행 종이에 적힌 내용을 최대한 빨리 완수하고 돌아오는 조가 우승하는 게임입니다."	미션 수행지	3명이 꼭 아니어도 된다. 권장되는 조는 2~10명 미만.
액션 진행	2	참가자들에게 미션 수행지를 나눠주고 게임을 진행한다.	"자, 한 사람씩 나와서 미션 수행지를 뽑는 겁니다." "개인 미션 수행지에 적힌 내용을 읽어보시고, 미션 수행 상대방에게 미션이 적힌 종이를 보여준 후 최대한 빨리 완수하고 제자리로 돌아오는 겁니다." "조건이 하나 있는데 미션 완수 여부를 확인해야 하니까, 미션을 완수한 후 상대방으로부터 서명을 미션 종이에 받아오는 겁니다." "조 원들이 모두 돌아온 조는 함께 파이팅을 3번 외치면 됩니다. 가장 빨리 파이팅을 외치는 조가 우승 조입니다. 자 준비, 시작!"		

| 마무리 | 3 | 모두 발표를 마친 뒤에 활동의 의미를 설명한다. | "네, 미션 수행을 모두 적극적으로 잘하는 모습을 통해서 각 조의 임무가 빨리 완료될 수 있었습니다. 개인의 적극적인 행동이 조직에게는 큰 동기부여가 됩니다." | 우승 조에게 줄 선물 | |

〈미션 수행지 샘플〉
남의 신발을 벗겨 다시 거꾸로 신기십시오. (서명받기:)
안경 쓴 남자분을 만나서 그 사람의 바지를 무릎 위로 걷어 올리고, 만세 10회 외치세요. (서명받기:)
2명을 만나서 앉았다 일어서기를 10번 하십시오 (서명받기:)

CHAPTER 10

칭찬이 필요한 팀

칭찬이란 남들보다 뛰어난 점이나 수행했던 훌륭한 일들을 높이 평가하고 잘했다고 말하는 것을 뜻한다. 칭찬이 판단과 실행능력 더 나아가 문제 해결력에도 긍정적인 영향을 미친다는 연구도 있다. 2005년 하버드대학의 홀리 박사 연구팀은 엄마의 칭찬을 녹음하여 자녀에게 들려주며 기능 MRI로 자녀의 뇌를 촬영하는 실험을 하였다. 그 결과 전두엽의 바깥 위쪽 영역인 DLPFC(이곳이 활성화될수록 판단, 사고, 실행능력 및 문제해결력이 발달함)가 활성화되었고, 야단맞을 때 보였던 부정적 정서의 뇌 영역은 전혀 활성화되지 않았다.

조직에서는 다양한 시도를 하고 그 결과를 받는다. 우수한 결과가 있다면야 좋겠지만, 참담한 결과를 받는 경우도 빈번하다. 이러한 상황에서 팀원들은 의기소침해지게 되는데 이런 상황에서 팀을 칭찬으로 다시 일으켜 세우는 것은 정말 중요하다. 우리는 잘한 것을 보고도 '겨우 이거야?'라고 부정적으로 말할 수도 있고, 못한 것을 보고도 '정말 노력했구나'라고 긍정적으로 반응을 보일 수 있다. 기억해야 할 점은 자신이 팀 리더로서 팀으로부터 원하는 결과를 얻기 위해서는 팀원의 뇌를 긍정적으로 움직일 수 있는 칭찬을 많이 할 필요가 있다.

■ 우리 팀 지금 이런 모습인가요?

    − 조직 내에 칭찬하는 분위기가 형성되어 있지 않다.
    − 결과에 대해 정해진 칭찬 제도 또는 이벤트가 없다.
    − 성원들끼리 업무상 실수에 대해서 민감하게 반응한다.
    − 칭찬을 하거나 받는 것이 어색하다.
    − 서로의 실력을 인색하게 인정하는 분위기이다.
    − 회사의 급여, 복리후생이 좋은데도 불구하고 직장이 즐겁지 않다.

위 모습들에서 우리 팀의 모습이 보인다면 팀은 칭찬에 배고픈 상황이라고 볼 수 있다. 칭찬은 고래도 춤추게 한다는 말이 있다. 어른들이 모인 팀이라는 형체도 알고 보면 유치원과 같은 어린아이들의 집단과 크게 다르지 않다. 칭찬하고 격려하면 다시 그 힘으로 새로운 것에 도전하는 것이다.

그러나 칭찬에 인색한 조직의 체질을 바꾸기란 쉽지는 않다. 우선, 칭찬의 실천에 익숙하게끔 의도된 칭찬이라도 자주 해보게 하는 것이 좋다. 칭찬을 자주 해보지 않은 사람은 칭찬을 구체적으로 하는 방법에서도 어색함을 느끼기 때문이다. 또한, 실패한 상황에서도 '괜찮아,

다시 한 번 같이 해보자'라는 분위기가 명확하게 팀원들에게 전달되는 팀 분위기를 만들어야 한다.

■ 칭찬이 필요한 팀에게 들려주는 한 문장

우리가 한 것들에 대하여 받을 수 있는 가장 기분 좋은 보상은 그것이 알려진 것을 보는 것이요, 우리를 명예롭게 하는 칭찬으로 박수갈채를 받는 것이다.

– 쟝 밥티스트 몰리에르(프랑스 극작가)

직원의 재능을 충분히 발휘하게 만드는 방법은 칭찬과 격려다. 한 사람의 열정과 꿈을 짓밟는 가장 확실한 방법은 비난과 추궁이다. 성공한 관리자는 칭찬의 기술을 배워야 한다.

– 록펠러(미국 사업가)

일주일에 적어도 두 시간 정도는 따로 빼서, 즉 다른 약속들과 마찬가지로 달력에 직원들을 격려하는 시간으로 적어놓으라.

– 켄 블렌차드(Ken Blanchard 회장)

칭찬과 관련된 명언들에서 엿볼 수 있는 것은 서로 칭찬을 하는 팀이 되기 위해 먼저 관리자들이 칭찬의 힘을 믿어야 한다는 것이다. 재미있는 활동들을 팀원들과 함께해 봄으로써 칭찬하는 분위기를 만들어보자.

▪ 팀에 칭찬을 불어넣는 실천 활동

　아래 개선 방향을 확인하면서 현업에서 쉽게 따라 할 수 있는 활동을 해봄으로써 변화 앞에 적극적인 우리 팀이 되어가는 모습을 만나보자.

개선 방향	추천하는 활동
누가 자신을 칭찬했는지 알아보면서 구성원간의 유대감을 높이고 팀 내 긍정적인 분위기를 일깨워 보자.	〈내 칭찬해 준 사람은〉
작은 상품을 이용하여 서로에 대해 칭찬하고 감사하는 시간을 가져보자.	〈자유시간〉
실패한 상황에서도 격려하고 팀이 함께한다는 것을 알게 하자.	〈괜찮아, 힘내자!〉

내 칭찬해 준 사람은

이 활동은 평소 구성원들의 행동이나 업무 성과 등에 대해서 서로를 칭찬하는 게임이다. 이를 통해 구성원간의 유대감을 높여주고 팀 내 긍정적인 분위기를 조성할 수 있다.

준비물 종이, 펜

원활한 진행을 위한 TIP

업무나 프로젝트 등으로 주제를 제한할 수 있다.

단계	순서	매뉴얼	시나리오	단계별 준비물	단계별 진행 TIP
준비	1	활동목적 및 진행방법을 간단히 설명한다.	"우리는 평소 칭찬에 인색했습니다. 오늘 이 기회를 통해서 서로에 대해 칭찬을 하면서 각자의 자존감을 높여주고 활기찬 일터를 만들고자 합니다. 각자 자기 앞에 놓인 쪽지가 보일 겁니다. 그 쪽지에 우리 팀원들 각각에 대한 칭찬을 하나씩 써봅시다."		활동 목적을 진지하게 이야기할 필요는 없다.

액션진행	2	참가자들에게 쪽지를 나누어주고, 15분의 작성시간을 준다.	"사소한 사건도 좋습니다. 기간은 상관없습니다. 그 사람의 행동을 생각해보면서 하나씩 작성해주세요. 15분의 시간 동안 칭찬할 세 사람을 적겠습니다. 작성자가 누군지 알아야 하니까 반드시 쪽지 하단에 자신이 누구인지 밝혀주세요."	종이, 펜	자신을 제외한 인원의 수만큼 쪽지를 준비한다. 예를 들면 팀원이 총 7명이면 6개의 쪽지를 준비함.
	3	제한시간이 지나면, 적은 쪽지를 책상 가운데로 모은다.	"자, 시간이 다 되었습니다! 이제 각자 적은 쪽지를 접고 가운데가 모아주세요."		
	4	쪽지를 하나 펴서 읽어주고 당사자에게 누가 썼을지 물어본다.	"제가 하나를 뽑겠습니다. 김 대리님의 칭찬이 나왔네요. 쪽지 내용은 이렇습니다. '김 대리님은 평소에 상사나 혹은 동료직원들에게 배려를 많이 하십니다. 저번 주에는 감기에 걸린 저를 위해 따뜻한 꿀물을 사다 주셨습니다.' 네, 듣기만 해도 참 따뜻한 내용인데요. 김 대리님! 이 칭찬은 누가 쓰셨다고 생각하세요?"		

액션진행	5	당사자가 맞출 때까지 계속한다.	"틀렸습니다. 아쉽게도 이 대리님이 쓰신 내용은 아닙니다. 자, 맞출 때까지 기회를 드리겠습니다." "네, 맞습니다. 최 대리님께서 쓰신 내용이네요. 박수 한 번 주세요." "다음 쪽지 읽어보도록 하겠습니다."		
마무리	6	모두 발표를 마친 뒤에 활동의 의미를 설명한다.	"우리 팀이 사실 누구에 대한 칭찬이 어색한 분위기이고 인색한 것이 사실이었습니다. 하지만 이번 기회에 다들 크게 회사에서 작게는 팀 안에서 자신들이 기여하고 성공한 이야기를 들어보면서 각자 느끼는 바가 많았다고 생각합니다. 앞으로 열심히 계속 이런 시간을 가지도록 하겠습니다. 감사합니다."		

자유시간

이 활동은 초코바를 주면서 서로에게 칭찬을 해주는 게임이다. 이 활동을 통해서 서로에 대한 감사와 배려를 느껴보는 시간을 갖도록 한다.

준비물 미니초코바 혹은 사탕도 가능

원활한 진행을 위한 TIP

못 받은 사람이 있을 경우를 대비해서 진행자는 팀원 전체를 칭찬하면서 초코바를 전원에게 나누어 준다.
초코바 대신 다른 것을 주어도 좋다.

단계	순서	매뉴얼	시나리오	단계별 준비물	단계별 진행 TIP
준비	1	활동목적을 간단히 설명한다.	"오늘은 초코바를 주면서 칭찬하는 시간을 가져볼까요?"		

액션진행	2	책상 가운데에 미니 초코바를 뜯어서 쏟는다.	"제 왼쪽에 계신 분부터 이 초코바를 하나 들고 어떤 일에 대해서 칭찬하고 싶은 분에게 초코바를 전달해 주겠습니다. 받을 때 많은 박수를 쳐주세요. 그리고 유의할 점은 칭찬을 받은 사람은 자기를 칭찬한 사람에게 다시 칭찬할 수 없습니다. 자, 김대리님부터 시작할까요?"	초코바	초코바 대신 다른 간식류도 좋다.
	3	순서를 정하여 한 명씩 칭찬하고 발표가 끝나면 박수를 쳐준다.	"네, 이제 제 차례네요. 저는 박주임을 칭찬하고 싶습니다. 우리 팀에 온 지 한 달도 채 되지 않아서 낯설고 힘든 게 많은 저에게 여러 가지 알아둬야 할 사항을 메모지에 적어서 저에게 전달해줬거든요. 본인도 바쁜 일이 많은 상황인데도 저를 배려해주는 모습에서 큰 고마움을 느꼈습니다. 감사합니다."		
마무리	4	모두 발표를 마친 뒤에 활동의 의미를 설명한다.	"우리가 오늘 받은 칭찬이 어떤 내용이었고 받고 싶은 칭찬은 어떤 내용인지 생각해보는 시간을 가져봅시다." "칭찬은 직접 구체적으로 자주 해야 합니다. 내 마음속에서 아무리 칭찬을 해줘도 상대방은 모릅니다. 또 그 즉시 칭찬을 해주는 것도 좋은 방법입니다. 칭찬으로 힘을 내는 그런 우리가 되어 봅시다."		못 받은 인원이 생기는 것을 대비하여 팀원 전체를 칭찬하며 초코바를 모두에게 나눠준다. 끝맺음과 함께 박수로 마무리한다.

괜찮아, 힘내자!

이 활동은 지나간 실패 상황을 이야기해보고 이를 공개적으로 격려하고 팀이 함께할 것임을 일깨워주는 것이 핵심이다. '혼자가 아닌 함께'라는 것을 체험하게 함으로써 의기소침해지는 팀원들에게 동기부여를 해주는 효과가 있다.

준비물 A4 종이(참석자 수만큼 준비), 펜

간단한 선물을 참석자 수만큼 준비하면 좋다.
진행자가 먼저 지나간 실패 상황에 대해 이야기를 꺼내보자.

단계	순서	매뉴얼	시나리오	단계별 준비물	단계별 진행 TIP
준비	1	활동목적을 간단히 설명하고 종이 1장을 참석자에게 배분한다.	"오늘은 지나간 자신의 실패 상황을 이야기해 보고 훌훌 털어버리는 활동을 해봅시다. 실패라고 해서 큰 사건을 얘기하는 것은 아닙니다. 작은 경험이라도 이야기해보면서 서로가 서로에게 힘을 주는 시간을 마련해보는 겁니다."	종이 (1인 1장), 펜	
액션진행	2	활동을 진행한다.	"최근 1주일 동안을 되돌아보고, 기대보다 결과가 좋지 않았던 일들을 떠올려 봅시다. 그리고 나눠 드린 종이에 상세하게 적어 보는 겁니다. 시간은 10분 드리겠습니다." "자, 이제 한 사람씩 발표를 해보기로 하죠." "저부터 할게요. 저는 지난주 ○○ 자료를 박 주임에게 전달한다는 것을 깜빡 잊었습니다. 박 주임은 꽤 시간이 지나서 저에게 말을 걸더군요. 그 자료에 대해서요. 저는 그제야 깜빡 잊고 있었다는 것을 알았습니다. 저보다 직책이 낮고 중요한 일이 아니라고 제 무의식 속에서 판단해서 그랬던 것 같습니다. 만약 사장님께 드려야 하는 자료라면 저는 그런 실수를 하지 않았을 거예요. 이 자리를 빌려서 박 주임에게 미안한 마음 전합니다."		

액션진행	3	한 사람 발표 뒤에 격려 박수와 메시지를 합창한다.	"자, 잘 들어봤습니다. 모두 함께 '괜찮아! 힘내자!'라고 박수와 함께 외쳐주는 겁니다." "김 과장님! 괜찮아요! 힘냅시다!" (짝짝짝~)	격려 멘트는 상황에 따라 적절한 내용으로 사용함. 다 함께 큰 소리로 멘트를 하는 것이 좋고 박수도 크게 칠수록 좋다.
마무리	4	모두 활동을 마친 뒤에 의미를 설명한다.	"성공은 실패를 먹고 자란다는 말이 있습니다. 아무리 실패를 해도 우리가 함께한다면 실패가 성공으로 바뀌는 확률도 높아질 것입니다. 자 모두들 수고하셨습니다."	

CHAPTER 11

권한위임이 필요한 팀

권한위임을 한다는 것은 팀 리더의 권리, 권력 또는 책임을 팀원에게 맡기는 것을 말한다. 나는 팀원에게 권한을 주고 싶은 데 혹은 줬다고 생각했는데 받은 사람은 받은 적 없는 듯 행동을 한다면 그 모습은 어떨까? 권한을 위임한 측은 "멍석을 깔아줘도 못한다."라고 말할 것이고, 권한을 받은 사람은 "권한을 주려면 제대로 줘야지…."라고 말할 수 있을 것이다.

권한 위임이 팀 내에서 제대로 이루어지려면 어떻게 해야 할까? 성공적인 권한위임을 위한 세 가지 방법을 제안해보자면, 먼저, 팀 리더는 권한위임을 할 때, 위임할 내용과 기간, 책임 등을 명확히 해야 한다. 두 번째, 세부적인 일은 팀원들에게 맡겨서 그들이 자신들의 역량을 최대한 발휘 할 수 있게 업무의 자율성을 보장해 줘야 한다. 마지막으로 권한위임은 권한을 '분배'하는 것이 아니라 '확장'하는 것임을 명심한다.

권한을 위임할수록 직원 개개인의 영향력은 높아지고 전체의 이익은 증가해야 한다. 팀 리더는 권한 위임을 통해 부하 직원의 능력을 키워 줄 수 있으며 이는 바로 팀 전체의 역량이 올라간다는 사실을 기억할 필요가 있다.

■ 우리 팀 지금 이런 모습인가요?

- 권한위임이 실제로 실행되지 않고 말로만 그친다.
- 관리자들이 자신의 권한이 줄어들 것을 걱정한다.
- 권한위임을 위한 소통에 어려움을 겪는다.
- 구성원 간에 어떤 일에 대해 책임을 지지 않으려는 분위기가 있다.
- 구성원 간에 불신 혹은 업무에 대해 불안을 느낀다.
- 관리자가 구성원들이 실제 어떤 역량을 가지고 있는 파악하지 못한다.

이러한 모습들이 우리 팀에서 발견되고 있다면 제대로 된 권한위임이 필요한 상황이다. 문서상의 업무 분담 수준이지만 우리는 권한을 위임했다고 말하는 경우도 있다. 그리고 업무 분담 후 업무 성과의 결과나 나쁘게 나오거나 업무상 실수가 발생했을 때 권한 위임을 해줬는데도 제대로 하지 못한다고 팀원들과 얼굴을 붉히게 된다.

그렇다면 권한 위임을 제대로 하는 팀이 되려면 어떻게 해야 할까? 우선 권한을 주는 사람과 받는 사람이 서로의 상황을 잘 알고 있으면 좋다. 또한 권한 위임을 받았을 경우를 상상하면서 상황을 예상해보는 것도 도움이 된다. 무엇보다 효과가 좋은 방법은 권한 위임 상황을 느껴보는 것이다.

■ 권한위임이 필요한 팀에게 들려주는 한 문장

한 번 사람을 믿으면 모두 맡겨라(직원들이 주인의식을 갖게 하려면 오너가 절대적인 신뢰를 보여줘야 한다는 뜻).

— 구인회 (LG그룹 창업주)

직원이 자신의 운명에 대해 좀 더 많은 책임감을 느끼기를 바란다면 관리자는 내적 헌신을 끌어내야 한다. 원칙적으로 내적 헌신은 참여를 전제로 하기 때문에 권한 이양과 밀접한 관계가 있다. 직원의 내적 헌신을 원한다면 원대한 목표를 정하고 세부 목표를 수립하며 목표를 성취할 방법을 모색하는 과정에 직원들을 더 많이 참여시켜야 한다.

— 크리스 아지리스(하버드 대학 교수)

위임은 효과적인 의사결정을 할 수 있는 열쇠다. 리더는 아랫사람들에게 의사결정을 위임해야 하며, 결정을 윗사람에게 미루려는 아랫사람들의 자연스러운 성향을 거부해야 한다. 우리는 상호보완의 원칙을 따라야 하며, 다른 사람의 의사결정권리 혹은 그 능력을 빼앗는 것은 죄라는 사실을 알아야 한다.

— 윌리엄 폴라드(ServiceMaster Company 前 회장)

권한위임과 관련된 명언들에서 엿볼 수 있는 것은 책임감 있는 분위기 속에서 관리자가 헌신적인 자세로 참여를 유도해야 한다는 것이다. 재미있는 활동들을 팀원들과 함께해 봄으로써 권한위임을 하는 분위기로 만들어보자.

■ 팀에 권한위임을 불어넣는 실천 활동

아래 개선 방향을 확인하면서 현업에서 쉽게 따라 할 수 있는 활동을 해봄으로써 올바른 권한 위임을 하는 팀으로의 변화를 기대해 볼 수 있을 것이다.

개선 방향	추천하는 활동
팀원들 각자의 SWOT(강점,약점,기회,위협) 관점을 공유해 보면서 권한 위임의 구체적인 방법도 생각하는 기회를 가져 보자.	〈나의 SWOT〉
권한 위임을 받게 되었다고 가정하고 생각을 해보는 경험을 하자.	〈엉뚱 인터뷰〉
권한 위임 상황을 직접 느껴보자.	〈정사각형 만들기〉

　　나의 SWOT

이 활동은 나의 SWOT(강점^{strength}, 약점^{weakness}, 기회^{opportunity}, 위협^{threat}) 요인을 팀원들과 공유해보는 간단한 게임이다. 이를 통해 팀원들 서로 간의 상황을 좀 더 깊게 아는 기회가 되며, 실제 권한 위임을 해야 하는 상황에서 상대에 따라 적절한 방법과 강도를 조절하는 효과가 있다.

준비물 종이(1인 1장), 펜

샘플을 미리 만들어 놓으면 좋다.

단계	순서	매뉴얼	시나리오	단계별 준비물	단계별 진행 TIP
준비	1	활동목적 및 진행방법을 간단히 설명한다.	"오늘은 서로를 좀 더 알아가는 기회를 가질까 합니다. 나눠드리는 종이에 SWOT(강점, 약점, 기회, 위협) 관점에서 자신을 담아 보는 겁니다."	종이 1인 1장씩 배분	

액션진행	2	활동을 시작한다.	"자, 시간은 15분 드리겠습니다. 시작해주세요. 종이에 적힌 지시에 따라서 나의 강점은 무엇인지, 약점은 또 어떤 것들인지, 그리고 나의 기회 요인들은 무엇이며, 잠재적 위협 요소에는 어떤 것들이 있을지를 적어 보는 겁니다."		시간은 참석 인원과 상황을 고려하면서 적절하게 조절한다.
	3	작성을 마쳤으면 서로 공유하는 시간을 가진다.	"자, 모두 작성을 했으니 한 사람씩 발표해 봅시다. 궁금한 내용이 있을 때 질문을 해도 됩니다."		발표를 시작할 때 그리고 끝낼 때 박수를 쳐 준다.
마무리	4	모두 발표를 마친 뒤에 활동의 의미를 설명한다.	"각자 다양한 상황들에 놓여 있음을 알게 된 시간이었습니다. 업무 상황에서도 서로의 상황을 고려하면서 추진한다면 도움이 될 것으로 확신합니다. 수고하셨습니다."		

엉뚱 인터뷰

이 활동은 권한을 가져와 보고 싶은 사람의 역할이 되어서 이야기를 해보는 게임이다. 권한을 위임받았을 경우 어떻게 행동할 것인지를 미리 생각해 보는 기회를 가질 수 있다. 동시에 권한 위임을 하는 사람의 상황도 헤아려 볼 기회가 된다.

준비물 없음

원활한 진행을 위한 TIP

2인 1개 조로 구성할 수 없을 때는 일부 참석자들을 3인 1개 조로 구성해서 진행한다. 역할 결정 범위를 구체적으로 정해주는 것도 좋다. 예를 들어 '우리 회사 내 직책 중에서' 식으로 말이다.

단계	순서	매뉴얼	시나리오	단계별 준비물	단계별 진행 TIP
준비	1	활동목적을 간단히 설명한다.	"오늘은 엉뚱 인터뷰라는 활동을 해볼까 합니다. 두 명씩 짝을 지어주세요."		

액 션 진 행	2	활동을 시작 한다.	"짝꿍과 가위바위보를 하겠습니다. 가위바위보." "이긴 사람 손 들어 주세요. 이긴 사람이 먼저 인터뷰 대상자가 되겠습니다. 본인이 평소 돼보고 싶었던 위치의 사람을 선택하시면 됩니다. 오늘은 우리 회사 내에서 정해보도록 합시다. 여러분들이 평소 되고 싶었던 조직 내 포지션을 결정하시면 됩니다." "그리고 가위바위보에 진 사람은 잡지사 기자가 되어서 인터뷰를 진행하면 됩니다." "인터뷰 시간은 5분 드리겠습니다." "이 직책을 처음 맡았을 때 기분은 어떠셨나요? 지금 기분은 어떠세요? 평소 업무를 추진하는 데 애로 사항은 어떤 것들이 있을까요? 등등 물어볼 수 있겠죠?"		
	3	5분 후 서로 역할을 바꿔서 다시 인터뷰를 진행한다.	"자, 수고하셨습니다. 이번에는 역할을 바꾸겠습니다. 원하는 포지션은 다시 정하시면 됩니다. 그럼, 인터뷰 시작하세요."		

마 무 리	4	모두 발표를 마친 뒤에 활 동의 의미를 설명한다.	"모두들 수고하셨습니다. 엉뚱한 역할을 결정한 것도 재미있었고, 엉뚱한 질문과 답변을 한 것도 화 기애애한 분위기를 만들었던 것 같습니다. 권한 위임을 받은 사람 입장에서 여러 가지 상황을 고려 할 수밖에 없다는 것도 새삼 생 각해볼 기회였던 것 같습니다."		

정사각형 만들기

이 활동은 참석자들이 안대를 착용하고 줄을 이용해서 함께 정사각형을 만들어 보는 게임이다. 각자 맡은 역할에 따라 행동하면서 미션을 완수하면 된다. 이 활동은 권한 위임 상황을 직접 체험을 해봄으로써 효과적인 권한 위임과 역할 수행을 하는 데 도움을 주는 효과가 있다.

준비물 줄(나일론 소재 또는 노끈) 약 10미터, 안대 또는 눈을 가릴 수 있는 천(참석자 수만큼)

원활한 진행을 위한 TIP

참석자 수를 고려한 후 만들어야 하는 정사각형의 크기를 정한다.
미리 교육장이나 강당의 장소를 확보해둔다.
눈을 가리고 진행하는 활동이라 넘어지거나 부딪히는 사고 발생에 유의한다.

단계	순서	매뉴얼	시나리오	단계별 준비물	단계별 진행 TIP
준비	1	활동목적을 간단히 설명한다.	"눈을 가리고 정 사각형을 만드는 활동을 해볼 겁니다." "모두들 회의실 한가운데로 모여주세요. 처음에는 박 대리가 먼저 감독이 되어 주세요. 감독 권한을 맡은 사람은 주도적으로 정사각형을 만들기 위해 활동을 하셔야 합니다. 그리고 감독의 지시 사항을 다른 사람들은 잘 응해줘야 합니다."	안대 (1인 1개씩) 줄 또는 노끈 (약 10미터)	안대 또는 눈을 가릴 수 있는 손수건도 무방함. 끈의 길이는 참석자의 수와 장소의 크기를 고려하여 정한다.
액션진행	2	활동을 시작한다.	"자, 박 대리 손에 로프의 시작과 끝을 쥐여 주겠습니다. 모두들 활동이 끝날 때까지 안대를 계속 착용하고 계셔야 합니다." "정사각형을 만드는 것입니다. 모두 안대를 착용한 상태라 보이지가 않습니다. 감독의 지시를 중심으로 서로 대화를 해가면서 손에 쥔 로프를 정사각형으로 배치시켜 보세요."		상황에 맞게 시간은 부여한다.

액션진행	3	중간 휴식을 준다.	"시간은 10분 드리겠습니다." "쉽지가 않죠. 2분간의 휴식 시간입니다. 모두 안대를 벗으세요." "2분이 지났습니다. 이번에 감독 역할은 최 주임이 해보겠습니다."		
마무리	4	모두 발표를 마친 뒤에 활동의 의미를 설명한다.	"정사각형 만들기가 쉽지 않죠. 말은 못 했지만 갈등도 발생했을 겁니다. 감독 역할자 입장에서도 다양한 감정을 느꼈을 것이구요, 일반 팀원들 위치에서도 사각형을 만드는 과정에서 여러 생각이 들었을 겁니다." "권한 위임에 대해 이번 활동을 기억하면서 생각을 해보는 계기가 되었으면 합니다."		

CHAPTER 12

실행력이 필요한 팀

결과를 만들어 내는 조직들은 하나같이 실행력이 높다. 아이디어를 도출하고 정교화시켜 고객에게 전달하는 일련의 과정을 빠르게 실행하는 것이다. 최근 '린 스타트업'이라는 말도 벤처 창업 생태계에서 강조되는 말인데, R&D에 오랜 시간을 고민하다가 시장 반응을 감지하지 못해 실패하기보다는 빠른 실행을 통해 제품이나 서비스를 만들어서 고객 반응을 보면서 보완하라는 의미로 해석된다. 팀이라는 단위는 목적 달성에서 빠르게 움직일 수 있기에 묶인 조직 단위이다. 실행력이 떨어지는 팀은 팀으로서의 존재 이유를 다시 생각해봐야 할 만큼 중요한 것이다.

실행력이 강한 팀이 되기 위해서는 팀원 전체 업무 습관이 빠른 실행 체질로 변화해야 한다. 3S(Small, Speedy, Simple,)라는 말도 있듯이 변화무쌍한 고객 니즈를 작고 빠르고 심플하게 제공하는 팀으로의 변화를 시도해보자.

■ 우리 팀 지금 이런 모습인가요?

 - 일을 착수하는 데까지 시간이 오래 걸린다.
 - 업무에 대한 관전과 논평이 많다.
 - 과도하게 장기계획과 청사진에 목을 맨다.
 - 권한위임을 핑계로 일을 하지 않는다.
 - 내부적인 갈등이 심하여 업무의 프로세스가 매끄럽지 않다.
 - 업무의 갈무리가 모호하다.
 - 프로젝트 진행 중 새로운 추가 사항의 반영이 어렵다.

이러한 모습들이 우리 팀에서 발견되고 있다면 실행력이 떨어지고 있는 것이다. 실행력 강한 팀으로의 변화는 어디서부터 시작해야 할까? 팀 전체 실행력이 낮은 상태는 나누어 보면 팀원 개개인들의 실행력이 떨어져 있는 경우가 많다. 즉, 실행력이 강한 팀이 되려면 팀원 개개인들의 실행력부터 높여야 한다. 개인의 높은 실행력 습관은 업무에 반영되며, 이는 팀 실행력이 향상되는 데 영향을 주게 된다.

■ 실행력이 필요한 팀에게 들려주는 한 문장

성공의 반대는 실패가 아니라, 도전하지 않는 것이다.

— 에디슨(미국 발명가)

바람이 불지 않을 때 바람개비를 돌리는 방법은, 자신이 앞으로 달려
나가는 것이다.

— 데일 카네기(미국 저자, 前 대학교수)

승자와 패자의 차이는 간단하다. 승자는 패자들이 하기 싫어하는 것
을 했을 뿐이다.

— 덱스터 예거(미국 작가, 기업가)

실행력과 관련된 명언들에서 엿볼 수 있는 것은 실행력 있는 팀이
되기 위해서는 솔선수범하는 분위기 속에서 구성원들 스스로가 도전
하도록 만들어야 한다는 것이다. 재미있는 활동들을 팀원들과 함께해
봄으로써 팀 실행력을 키워보자.

■ 팀에 실행력을 불어넣는 실천 활동

아래 개선 방향을 확인하면서 팀원들과 함께하는 자리에서 따라할 수 있는 활동을 해보자.

개선 방향	추천하는 활동
팀원 개인의 실행력 향상을 위한 팀원들의 상호 피드백을 공유한다.	〈실행력을 높이고 싶어요〉
작은 것 하나라도 지금 당장 해보는 경험을 한다.	〈무작정 문자 보내기〉
팀 실행력 강화를 위해 필요한 것들을 이야기해 보자.	〈팀 실행력 만다라트〉

실행력을 높이고 싶어요

　이 활동은 실행력을 향상하기 위해서 팀원 개인에게 포커스를 맞춘 것이다. 실제 실행력이 낮은 팀들을 보면 팀원들 스스로가 실행력이 떨어져 있는 경우가 많다. 이 활동은 팀원들 서로 간에 실행력을 높이기 위한 상호 피드백을 공유해봄으로써 팀원들의 실행력 부분에서 보완점을 찾는 효과가 있다.

준비물 A4 종이(1인 1장씩), 펜

원활한 진행을 위한 TIP

　아래 양식을 활용해도 좋고, 그냥 종이를 사용해도 무방하다
　화기애애한 분위기를 유지하면서 하면 좋다
　초상화를 재미있게 그린 사람에게 선물을 주면 진행에 도움이 된다.

단계	순서	매뉴얼	시나리오	단계별 준비물	단계별 진행 TIP
준비	1	활동목적 및 진행방법을 간단히 설명한다.	"오늘은 초상화를 그려보는 겁니다. 나눠드린 양식이 보이죠. 위에는 자신의 얼굴을 그리면 됩니다. 그리고 아랫부분에는 초상화 주인공에게 해주고 싶은 멘트를 적어 주시면 됩니다."	종이 (1인 1장씩) 필기구	아래 양식을 미리 준비해서 실시하면 좋다.
액션 진행	2	활동을 시작한다.	"자 각자 자신의 얼굴을 종이에 그려봅니다. 약 30초 드리겠습니다. 30초 후에는 내가 그리던 종이를 왼쪽 동료에게 전달하는 겁니다. 그리고 그 동료가 다시 내 초상화를 연결해서 그려주는 겁니다. 이렇게 30초씩 릴레이식으로 내 초상화를 그려서 완성해 보는 겁니다. 자 시작하세요." "자, 내 초상화가 한 바퀴 돌고 나니 다 완성이 되었죠. 그림만 봐도 누구인지 알 것 같습니다. 이번에는 다시 왼쪽으로 내 초상화를 건네주면서 초상화 아래 '저는 실행력을 높이고 싶습니다. 무슨 방법이 없을까요?'라는 물음에 대해 동료에게 해주고 싶은 말을 적어 주시면 됩니다."		30초 간격으로 시간을 정확하게 알려주고 그림이 순조롭게 돌아가면서 그려지고 있는지 파악한다. 멘트를 최대한 적게끔 유도하면서 진행한다.

액션진행	3	작성을 마쳤으면 서로 공유하는 시간을 가진다.	"자 이제 각자의 초상화를 받았죠. 나와 동료가 함께 만들어 본 초상화가 있고요, 그리고 그 밑에는 나의 실행력을 높일 수 있는 소중하고 따뜻한 피드백들이 적혀 있습니다. 함께 공유해보도록 하죠."		초상화를 가장 재미있게 그린 사람 또는 실행력을 가장 높여주고 싶은 사람에게 선물을 주면 좋다.
마무리	4	모두 발표를 마친 뒤에 활동의 의미를 설명한다.	"무엇이든지 결과를 바란다면 액션을 하고 봐야 합니다. 실행의 중요함을 다시 한 번 되새기면서 오늘 하루도 보냈으면 좋겠습니다. 수고 많았습니다."		최종 결과물을 팀 내부 착해 두거나, 각자 자리에 붙여두면 좋다.

초상화를 여기에 그려주세요^^

"저는 실행력을 더 높이고 싶습니다. 무슨 방법이 없을까요?"

1.

2.

3.

4.

5.

무작정 문자 보내기

이 활동은 팀원들이 작은 것 하나라도 지금 당장 해보는 경험을 얻게 하는 것이다. 팀원들이 모인 자리에서 휴대폰을 꺼내서 연락이 뜸했던 3명의 사람에게 문자를 그 자리에서 보내보게 하는 것이다. 이 경험을 통해서 즉 실천하는 것의 중요성을 깨닫게 하는 효과가 있다.

준비물 A4 종이(1인 1장), 펜, 각자 휴대폰 지참

원활한 진행을 위한 TIP

처음에는 문자를 보낼 대상 범위를 한정 짓지 말고 해보자.
두 번째는 '고객', '거래처', '조직 내' 등 범위를 정해서 문자를 보내보게 하자.

단계	순서	매뉴얼	시나리오	단계별 준비물	단계별 진행 TIP
준비	1	활동목적 및 진행방법을 간단히 설명한다.	"오늘은 지금 당장 실행해야 한다는 의미를 느껴보는 시간을 가지면 좋겠습니다. 나눠드린 종이에 연락이 뜸했던 사람 3명의 이름을 적는 겁니다. 그리고 그 3명에게 바로 문자를 보내는 겁니다. 문자의 내용은 공개하지 않아도 됩니다."	종이 (1인 1장) 각자 휴대폰	종이가 없다면 개인 메모지에 적어도 된다.
액션진행	2	활동을 시작한다.	"자, 연락이 뜸했던 사람 3명을 결정했나요? 그럼 그 사람들에게 문자를 지금 당장 보내보는 겁니다." "서먹해서 보내기 곤란할 수도 있고요, 어떤 사연이 있어서 그럴 수도 있습니다. 하지만 내 마음이 있다면 먼저 손을 내미는 쪽이 정당성이 있습니다. 잘 지내는지, 짧은 메시지를 보내 보세요." "전송하기 버튼을 누르는 순간 여러분은 실행한 겁니다. 그 이후 상황은 당장은 고민할 필요가 없습니다. 하지만 답 문자 내용과는 상관없이 여러분은 정당성 있는 안부 문자를 보낸 것이며, 실행을 하신 겁니다."		
마무리	3	모두 발표를 마친 뒤에 활동의 의미를 설명한다.	"감나무 밑에서 입이라도 벌리고 있어야 감이 입으로 들어올 확률이 생기는 겁니다. 생각나면 바로 행동으로 옮기는 습관을 키워보는 우리가 됩시다. 수고 많았습니다."		

팀 실행력 만다라트

이 활동은 만다라트(Man dal-art) 기법을 팀 실행력 강화를 위해 활용해보는 것이다. 이번 활동에서는 만다라트를 통해서 '팀 실행력 강화를 위해 필요 또는 요구되는 것들'을 도출해보는 시간을 가져본다. 팀 실행력이 낮은 상황이라면 반드시 실행력을 떨어뜨리고 있는 유무형의 장애물이 있는데, 이것들을 팀원들 스스로가 생각해보고 그 해결안도 토의해보면 팀 실행력 향상에 도움이 된다.

준비물 만다라트 시트

참석자 전체가 소그룹으로 하면 좋다.

소그룹으로 하기 위해서 모조 전지 등에 만다라트 양식을 직접 그리면서 진행해도 된다

단계	순서	매뉴얼	시나리오	단계별 준비물	단계별 진행 TIP
준비	1	활동목적 및 진행방법을 간단히 설명한다.	"만다라트라는 아이디어 발상 기법을 설명해 드리겠습니다. 정 사각형 한가운데에 '실행력 높은 우리 팀이 되기 위해서는?'이라고 적어 봅니다. 그리고 우리 팀 현재 상황을 떠올려보면서 '실행력이 강한 팀이 되기 위해서 필요한 것들이 뭐가 있을까?'를 주위 8개의 사각형에 적는 겁니다. 그리고 다시 같은 방법으로 확산시켜 나가는 겁니다."	만다라트 시트	만다라트 실시 이해를 높이기 위해서 예를 들어 한 번 해 보는 것도 좋다.
액션진행	2	만다라트를 실시한다.	"3명 1개 조로 나눠서 실시해보죠. 3명씩 짝을 지어 주세요." "실행력 높은 우리 팀이 되기 위해서 어떤 것들이 필요할까요? 유형적 무형적 요소들을 생각해 보면 좋겠네요." "생각난 것들을 사각형 하나에 하나씩 적어 보는 겁니다. 그리고 다시 중심에 있는 내용들을 주위로 확산시켜 나가는 겁니다."		진행 시간은 참석자들의 활동 상황을 보면서 탄력적으로 부여한다.
마무리	3	만다라트 내용에 대해 모두 의견 공유를 마친 뒤에 의미를 설명한다.	"우리 팀이 실행이 잘되지 않아서 기회도 놓친 적이 많았던 것 같습니다. 이번 활동에서 언급되었던 내용들은 실행력 강한 우리가 되기 위해서는 반드시 곱씹어 봐야 할 것입니다. 적용할 것들은 팀에 적용하고, 폐지해야 할 것들이 있다면 없애도록 합시다. 수고 많았습니다."		만다라트 결과 내용들을 팀원들이 볼 수 있는 곳에 부착해두면 좋다.

CHAPTER 13

배려가 필요한 팀

일하기 좋은 기업들을 보면 조직의 경영이념 혹은 핵심가치에 '배려'란 문구가 표현된 경우가 많다. "우리는 구성원에게 최고의 근무 환경을 제공하고 서로를 존중하는 문화를 만든다."(스타벅스^{Starbucks}) "구성원 간 상호 존중해야 한다."(보잉^{Boeing}) "남들이 나를 대우해주길 원하는 것처럼 상대방을 대우해줘야 한다."(포시즌호텔^{Four Seasons Hotel}) 등에도 잘 나타나 있다. 이처럼 경영원칙과 이념이 구성원들의 배려에 기반을 둔 것은 서로 배려하면서 즐겁게 일하는 문화가 개인뿐만 아니라 조직 전체의 성과에도 긍정적인 영향을 미치기 때문이다.

우리 주변을 떠올려 보자. 사무실 인테리어, 휴식 공간 등 하드웨어적인 인프라는 많이 좋아지고 있다. 하지만 서로에게 무의식적으로 불쾌감을 주고받은 경험을 한 구성원들은 늘어나고 있다. 조직 내 경쟁구도 속에 자신의 이익을 우선해야 하거나, 구성원들의 세대 차이, 다양한 가치관으로 인해 서로의 다름을 맞고 틀림으로 해석하고 있기 때문이 아닐까 짐작해 본다. 성과를 만들어 내는 조직을 지속시키기 위해서는 배려심이 높은 조직 문화의 구축은 반드시 필요하다.

■ 우리 팀 지금 이런 모습인가요?

- 팀 내 따돌림이 존재한다.
- 중요한 정보를 숨기거나 공유하지 않는다.
- 조롱하거나 핀잔을 주는 언행이 많아졌다.
- 사전 협의 없이 업무를 지시하는 경우가 많다.
- 배경 설명 없이 팀원을 공식적·비공식적인 회의에서 제외시킨다.

■ 배려가 필요한 팀에게 들려주는 한 문장

남을 너그럽게 받아들이는 사람은 항상 사람들의 마음을 얻게 되고,
위엄과 무력으로 엄하게 다스리는 자는 항상 사람들의 노여움을 사게
된다.

– 세종대왕(조선 시대 왕)

이타심으로 판단하면 다른 사람이 좋게 되기를 바라기 때문에 주위
사람들 모두 힘을 보태준다. 또 시야도 넓어져 바른 판단을 할 수 있
다. 더 나은 일을 해 나가기 위해서는 자기만 생각해서 판단할 것이
아니라, 주위 사람들을 생각하고 배려 넘치는 '이타심'에 입각하여 판
단해야 한다.

– 이나모리 가즈오(Japan Airlines International Company 회장)

사람들이 우리의 목표를 지원하도록 만드는 최선의 방법은 그들을 인
간적으로 대하고 존중하는 것이다. 특히 아랫사람들을 대할 때 이런
자세가 필요하다. '사랑은 두려움보다 나은 자극제'라고 말하겠다.

– 레벤 마크(Colgate-Palmolive Company 회장)

배려와 관련된 명언들에서 엿볼 수 있는 것은 배려하는 팀이 되기 위해서는 서로를 존중하는 분위기 속에서 서로의 입장을 듣고 이해 하도록 만들어야 한다는 것이다. 재미있는 활동들을 팀원들과 함께해 봄으로써 팀 배려성을 키워보자.

■ 팀에 배려를 불어넣는 실천 활동

아래 개선 방향을 확인하면서 우리 팀 상황에 맞는 활동을 선택해서 실시해보자.

개선 방향	추천하는 활동
상대에 대한 배려 필요 상황을 체험해보자.	〈둘이서 그려 봅시다〉
배려를 받았을 때의 느낌, 배려했을 때의 느낌을 서로 공유하자.	〈이미지 카드〉
동료 간의 장점을 칭찬해주고 격려하는 시간을 가져보자.	〈그럼에도 불구하고〉

둘이서 그려 봅시다

이 활동은 둘이서 짝꿍이 되어 정해진 그림을 함께 그려보는 게임이다. 정해진 규칙을 지켜가면서 그림을 함께 그려가는 과정을 통해서 사로 간의 배려가 얼마나 중요한지 체험할 수 있다.

준비물 모조전지(2인 1장씩), 펜(2인 1개씩), 줄 또는 노끈(2인 1개, 손가락을 서로 묶는 용도)

원활한 진행을 위한 TIP

참석자들이 함께 그릴 이미지를 한 장 미리 준비한다.
손을 묶을 수 있는 줄 또는 노끈을 미리 준비해둔다.

단계	순서	매뉴얼	시나리오	단계별 준비물	단계별 진행 TIP
준비	1	활동목적 및 진행방법을 간단히 설명한다.	"오늘은 짝을 이뤄서 그림을 함께 그려 보는 간단한 게임을 할 겁니다. 우선 두 명씩 짝을 지어 주세요."		그림은 일정한 시간 동안 그릴 수 있는 너무 복잡하지 않은 것으로 준비한다.
액션 진행	2	활동을 시작한다.	"짝꿍끼리 서로 노끈을 이용해서 두 사람의 손목을 하나로 묶습니다. 두 사람의 손목이 하나로 묶였으면 펜을 하나 들고 제가 설명해주는 그림을 종이에 그려보는 겁니다." "자, 이제 조금 불편한 상태가 된 손으로 그림 그릴 준비가 되었군요. 그림은 저만 볼 수 있고, 제가 그림을 설명해드리면 짝꿍끼리 의논해서 따라서 그리면 됩니다. 시간은 10분 드리겠습니다." "먼저 이 그림은 해 질 녘이 시간상 배경입니다. 큰 산이 두 개가 있고, 그 산 사이에 해가 지고 있네요. 그리고 그 산 앞에는 초가집 1채가 있습니다. 초가집에는 굴뚝이 있고 굴뚝에서는 연기가 피어나고 있습니다."	줄 또는 노끈 그림 그릴 종이, 펜, 진행자만 볼 수 있는 그림 1장	진행 중 짝꿍끼리 손목에 묶은 끈이 풀어지면 다시 묶고 그리게 한다. 시간은 10분 정도로 주나, 상황에 따라 줄이거나 늘려도 된다.

액션진행	3	작성을 마쳤으면 서로 공유하는 시간을 가진다.	"모두 다 그렸으면 손목을 풀어도 됩니다." "제가 설명했던 그림입니다. 여러분들은 어떻게 그렸는지 공유해 보죠. 잘 그렸네요. 그림을 그리면서 어떤 느낌을 받았나요?"	
마무리	4	모두 발표를 마친 뒤에 활동의 의미를 설명한다.	"상대에 대한 배려는 매 순간 내가 인지하지 못한 상태에서도 습관처럼 나와야 합니다." "작은 배려심 하나가 나에게는 큰 힘이 되어 돌아올 수 있거든요. 상대방에 대한 배려심을 깊이 생각하는 하루를 시작해 봅시다. 수고하셨습니다."	

이미지 카드

 이 활동은 여러 가지 이미지들을 보면서 배려에 대한 두 가지 질문에 떠오르는 느낌을 표현하는 이미지를 선택해서 팀원들과 이야기를 나눠보는 것이다. 두 가지 질문이란 '내가 누군가로부터 배려를 받았을 때의 느낌과 내가 누군가에게 배려했을 때의 느낌은 어떤 이미지로 표현할 수 있을까?'이다. 두 가지 질문에 대한 이미지를 골라서 팀원들과 공유해보는 과정에서 배려에 대해 깊이 생각해볼 기회를 얻는다.

 준비물 이미지 카드(참석자 1인당 최소 5장 이상 준비, 참석자가 4명이면 4×5=20장)

원활한 진행을 위한 TIP

 이미지 카드는 인터넷에서 다양한 주제(예: 희, 노, 애, 락을 표현하는 이미지 등)의 이미지를 출력해도 좋고, 잡지 등에서 발췌해도 된다.

단계	순서	매뉴얼	시나리오	단계별 준비물	단계별 진행 TIP
준비	1	활동목적 및 진행방법을 간단히 설명한다.	"오늘은 배려에 대한 서로의 평소 생각을 들어보는 시간을 가집시다. 제가 미리 준비한 이미지들을 테이블에 펼쳐 주세요."	이미지 카드	이미지 카드를 배열할 수 있게 테이블을 미리 세팅하면 좋다.
액션진행	2	활동을 시작한다.	"자 이미지들을 구경하면서 각자 2장씩 골라보는 겁니다." "첫 번째 이미지는 내가 누군가로부터 배려를 받았을 때 '어떤 느낌이었는가?'를 골라주면 됩니다. 배려를 받았던 경험을 떠올려 보시고, 그때의 느낌을 표현하는 이미지를 고르면 됩니다." "두 번째 이미지는 '내가 누군가를 배려했을 때 어떤 느낌이었는가?'를 고르면 됩니다. 배려했던 경험을 떠올려 보시고, 그때의 느낌을 표현하는 이미지를 고르면 됩니다. 이미지를 선택하는 시간은 3분 드리겠습니다."		

액션 진행	3	작성을 마쳤으면 서로 공유하는 시간을 가진다.	"자, 다 골랐으니, 서로 이미지를 선택한 이유를 발표해주시면 됩니다."		
마무리	4	모두 발표를 마친 뒤에 활동의 의미를 설명한다.	"배려를 하고 배려를 받는 상황은 늘 발생합니다. 내가 무심코 한 언행들이 동료에게는 가슴에 못을 받는 행위가 될 수도 있습니다." "항상 상대방에 대한 배려심을 가지고 업무를 한다면 늘 내게는 좋은 일들이 가득할 것입니다. 수고 많았습니다."		각자가 선택한 이미지들을 일정 기간 팀 내에 부착해두면 좋다.

그럼에도 불구하고

　이 활동은 참가자들이 '그럼에도 불구하고'란 말을 하면서 상대방을 칭찬하는 게임이다. 부정적인 단어 뒤에 '그럼에도 불구하고'를 붙여서 긍정적인 어감을 줌으로써 동료에 대한 좋은 점을 찾아본다. 이는 팀원들의 장점을 파악할 기회가 되고 자신감을 높여줄 수 있다.

준비물 A4 종이(1인 1장씩), 펜

　지나친 자기 비하는 삼간다.

단계	순서	매뉴얼	시나리오	단계별 준비물	단계별 진행 TIP
준비	1	활동목적을 간단히 설명한다.	"오늘은 '그럼에도 불구하고'란 말을 이용하면서 서로를 칭찬해 보겠습니다. 둥글게 앉아 보세요."	종이 펜	둥글게 앉는다.

액션진행	2	참가자들에게 종이를 나눠주고 3분 동안 작성할 시간을 준다.	"종이에 자신이 업무시간 중에 있었던 실수 혹은 개선해야 할 점을 하나만 적어보는 겁니다." "시간은 3분 정도 드리겠습니다."		종이가 밀려 있어도 여유 있게 작성할 수 있게 시간을 준다. 적힌 내용을 공유할 때는 박수를 쳐준다.
	3	한쪽 방향으로 작성된 종이를 전달한다.	"다 작성이 되면 왼쪽(혹은 오른쪽)에 있는 사람에게 전달합니다."		
	4	종이에 '그럼에도 불구하고'란 글씨를 쓴 후, 장점 혹은 칭찬을 쓴다.	"받은 사람은 그 종이에 쓰인 실수 혹은 개선할 점 바로 밑에 '그럼에도 불구하고'란 글씨를 쓴 후 그 사람의 장점 혹은 칭찬할 점을 적어 줍니다."		
	5	모든 사람이 한 번씩 쓰도록 한다.	"자신의 종이가 모든 팀원을 거쳐 자신에게 올 때까지 서로의 종이에 '그럼에도 불구하고 이러이러한 장점이나 칭찬이 있습니다'라고 적어 주는 겁니다."		
	6	각자 쓰인 칭찬을 발표해 본다.	"각자 자신의 종이를 받았으면, 한 명씩 자신에게 어떤 칭찬이 있는지 발표해 봅니다."		

| 마무리 | 7 | 모두 발표를 마친 뒤에 활동의 의미를 설명한다. | "활동을 하면서 내가 생각한 동료의 단점이 적혀있을 수도 있고 혹은 새롭게 알게 된 단점도 있을 것입니다. 하지만 그것보다 동료들의 장점을 더 눈여겨보는 과정에서 서로 이해의 폭이 넓어졌을 것이라 생각됩니다."

 "자신의 장점을 보다 더 많이 생각하고 남의 장점을 보다 크게 봐주는 자세를 가지면 결국에는 자신에게 더 좋은 일들이 돌아오게 됩니다. 바쁜 업무에도 늘 동료들에 대한 배려가 스탠바이 되는 우리가 되었으면 좋겠습니다. 수고하셨습니다." | | |

팀워크 툴박스

펴낸날 2016년 10월 5일

지은이 김준성 이지영 전대용
펴낸이 주계수 ｜ **편집책임** 윤정현 ｜ **꾸민이** 이슬기

펴낸곳 밥북 ｜ **출판등록** 제 2014-000085 호
주소 서울시 마포구 월드컵북로 1길 30 동보빌딩 301호
전화 02-6925-0370 ｜ **팩스** 02-6925-0380
홈페이지 www.bobbook.co.kr ｜ **이메일** bobbook@hanmail.net

※ 이 도서의 국립중앙도서관 출판시도서목록(CIP)은 e-CIP 홈페이지(http://www.nl.go.kr/
　cip)에서 이용하실 수 있습니다. (CIP 2016022960)